DANS LE TEMPLE DU FOOTBALL
CLAIREFONTAINE

Mathieu Delattre

Nathan

Sommaire

Bienvenue à Clairefontaine !

Clairefontaine

Les Bleus à Clairefontaine

Avec les Bleus

Les grands noms de Clairefontaine

Les jours de gloire

Encore + TOP

Bienvenue à Clairefontaine, le Centre National du Football (CNF) !

Clairefontaine

Le temple du football

Le Centre National du Football (CNF) est un des hauts lieux du football français. Il a été inauguré en 1988 à Clairefontaine près de Paris, dans le département des Yvelines, dans la forêt de Rambouillet, sur le domaine de Montjoye. Le Château, où réside l'Équipe de France, est le plus connu de tous les bâtiments du domaine. Il n'en constitue pourtant qu'une petite partie !

Le Centre accueille depuis 1990, au sein de l'Institut National du Football (INF), les jeunes stagiaires du pôle Espoirs, âgés de 13 à 15 ans, qui y effectuent leur pré-formation, avant d'intégrer, pour la plupart, les meilleurs clubs professionnels nationaux, voire européens.

Mais le CNF, c'est aussi le lieu d'accueil de l'ensemble des sélections nationales tricolores, féminines et masculines. Des U16 (moins de 16 ans) aux A, toutes s'y rassemblent afin de préparer dans les meilleures conditions leurs compétitions et leurs rencontres internationales. Clairefontaine, devenu le quartier général historique du football français, est aussi surnommé « le temple ».

RESPECT !

C'est Fernand Sastre, président de la Fédération Française de Football (la FFF) de 1972 à 1984, qui a eu l'idée de ce Centre dès 1976.

EN VO

Le CNF est tellement célèbre que des investisseurs américains ont dit un jour au maire de Rambouillet Gérard Larcher, actuel président du Sénat : « Rambouillet, ah oui, à côté de Clairefontaine ! »

CHRONO EXPRESS

- **1983** La FFF acquiert le domaine de Montjoye.
- **1984** début des travaux
- **1988** inauguration du Centre par François Mitterrand et Fernand Sastre

La Résidence de l'Équipe de France est un château construit au 19e siècle.

SÉQUENCE **ÉMOTION**

Le 17 juillet 1998, le Centre est rebaptisé CTN (Centre Technique National) Fernand Sastre. C'est un hommage à son initiateur, décédé en juin, et grand artisan de la victoire en Coupe du monde, en tant que président du Comité d'organisation.

LA **CLASSE !**

Un chêne, symbole de force et de longévité, a été planté par Fernand Sastre le premier jour des travaux. Il trône aujourd'hui majestueusement au cœur du domaine.

2006
construction du Centre médical

2013
travaux de rénovation, de modernisation et d'agrandissement

2016
inauguration du Centre de Formation et de Conférences

QUEL **TALENT !**

Ces grands noms du foot sont passés par l'INF : Thierry Henry, William Gallas, Blaise Matuidi, Jérôme Rothen, Louis Saha, Hatem Ben Arfa, Nicolas Anelka, Abou Diaby, Kylian Mbappé...

- Clairefontaine, **à 50 km de Paris**
- **56 hectares** entièrement dédiés au football

Clairefontaine

Au cœur de la forêt

Le Centre National du Football se situe à une cinquantaine de kilomètres au sud-ouest de Paris. Il est niché au cœur de la forêt de Rambouillet, dans le Parc naturel régional de la Haute Vallée de Chevreuse. Ici, les gros chênes font face aux séquoias géants, d'opulents rhododendrons bordent les allées. Les arbres de cette forêt millénaire sont impressionnants.

Le domaine de Montjoye regroupe tous les atouts nécessaires. Sa tranquillité, son air pur, mais aussi sa relative proximité avec Paris, ses stades et ses aéroports. En quelques minutes, nous sommes aussi bien dans le centre de Rambouillet que sur l'A10 ou la N10, à moins d'une heure de Paris. Totalement à l'abri des regards, c'est un cocon qui est très vite devenu le paradis du footballeur de haut niveau autant pour ses équipements que pour ses atouts naturels.

AH BON?

Savez-vous comment s'appellent les habitants de Clairefontaine? Les Clarifontaines et les Clarifontains.

LA CLASSE!

Le village a aussi prêté son décor au cinéma : Luis Buñuel y a tourné *Le charme discret de la bourgeoisie*; Claude Zidi, *Astérix et Obélix contre César*.

ZOOM EN CHIFFRES

56
le nombre d'hectares qui composent le domaine, grand comme 80 terrains de foot.

83 %
l'espace forestier qui recouvre la surface au sol de la commune.

900
le nombre d'habitants de Clairefontaine-en-Yvelines.

Le 8 décembre 1984, Fernand Sastre, président de la FFF, plante un chêne le premier jour des travaux.

Clairefontaine

Merci Fernand Sastre !

Fernand Sastre a lancé les travaux le 8 décembre 1984 aux côtés des ministres Paul Quilès, Alain Calmat et Michel Rocard, en plantant un chêne « symbole de la force et de la longue vie ».

Le grand jour arrive le 11 juin 1988 avec l'inauguration officielle du CTNF, en présence cette fois de Joao Havelange, président de la FIFA, et de François Mitterrand, président de la République, qui prononce ces mots : « Lorsque je constate l'effort accompli, ici, pour donner une meilleure formation, une meilleure qualification aux jeunes gens qui seront appelés à représenter leur club et la France dans des conditions de compétitions internationales, au demeurant fort importantes, je ne peux que me réjouir et remercier ceux d'entre vous qui en ont pris l'initiative, qui en ont assuré l'exécution et qui nous permettent aujourd'hui d'être dans ces lieux avec le sentiment d'une réussite. »

BIEN DIT !

« Nous savions que le Centre grandirait plus rapidement que le chêne », a dit Fernand Sastre, président de la FFF, le jour de l'inauguration.

DUR !

Peu de gens le savent, mais il restait deux sites en lice pour accueillir le CNF. Le domaine de Montjoye et le parc du château de Nogent-le-Roi, en Eure-et-Loir, qui fut éliminé « en finale ».

CHRONO EXPRESS

1830 construction d'un pavillon de chasse sur une crête de Clairefontaine

1870 Le pavillon originel devient un château. Le lieu-dit prend alors le nom de « Montjoye ».

18 décembre 1983 La FFF devient propriétaire du domaine.

11 juin 1988 inauguration du Centre Technique National du Football de Clairefontaine

Footing pour l'Équipe de France féminine qui s'entraîne elle aussi au Centre

Clairefontaine
La maison des sélections

Le CNF est le véritable quartier général des sélections. Des plus jeunes, les U16 (moins de seize ans) jusqu'à l'Équipe de France A (en passant par les Espoirs et le futsal), elles sont toutes là. Sans oublier les Féminines bien sûr, qui se déclinent elles aussi des catégories U16 jusqu'aux U20, avec l'Équipe de France B et l'Équipe de France A. C'est à Clairefontaine, à l'instar des garçons en 1998 (pour la Coupe du monde) et en 2016 (pour l'Euro) que les U20F et l'Équipe A féminine vont préparer et vivre leurs Coupes du monde respectives en 2018 et en 2019.

À «Clairef'», il y a également l'Institut National de Formation destiné aux meilleurs jeunes âgés de 13 à 15 ans (l'INF) et le Centre de Formation et de Conférences, nouveau vaisseau amiral du domaine. Le CNF est ainsi le carrefour du football français. C'était le double vœu de Fernand Sastre : créer l'outil de performance par excellence en même temps que la maison de l'Équipe de France, des sélections masculines et féminines.

AH BON?

Quatre sélections nationales, hors giron de la FFF, n'effectuent pas leurs rassemblements au CNF : «Football fauteuil» (championne du monde en 2017), «Cécifoot» (déficients visuels), «Football Sourds» et «Football adapté».

CULTE!

Clairefontaine a hébergé le compositeur Sergueï Rachmaninov ou le joaillier René Lalique. L'acteur Lambert Wilson y a grandi, tandis que Jean-Paul Belmondo y a été… enfant de chœur!

ZOOM EN CHIFFRES

6 titres de champion du monde remportés par le foot français depuis l'inauguration de Clairefontaine

9 sélectionneurs de l'Équipe de France se sont succédés au Château depuis 1988.

60 rassemblements des sélections nationales sont organisés au minimum chaque année.

Premier entraînement de la saison 2017-2018 pour les Bleus, à Clairefontaine

BIEN **DIT** !

« Revenir à Clairefontaine, c'est toujours beaucoup d'émotions. Ici, seul le projet collectif est important, il n'y a qu'un maillot bleu, avec le coq dessus. »
Aimé Jacquet, *sélectionneur champion du monde* en 1998.

RESPECT !

« L'Équipe de France, il n'y a rien au-dessus. C'est une énorme fierté de me retrouver ici, à Clairefontaine. »
Corinne Diacre, *sélectionneure de l'Équipe de France féminine*, nommée le 30 août 2017.

250 journées de stages par an pour l'ensemble de l'élite du foot français

175 matches disputés par les sélections nationales en 2015-2016

LE **DÉTAIL** QUI TUE

Le foot français a remporté 22 titres majeurs depuis l'inauguration de Clairefontaine, parmi lesquels 4 pour l'Équipe de France A mais aussi les U20 (champions du monde en 2013), les Espoirs (champions d'Europe en 1988) ou encore les Féminines (championnes du monde U17 en 2012)...

Jean-Claude Lafargue, le directeur de l'INF (Institut National du Football).

Clairefontaine
L'excellence en trois lettres : INF

Le Centre de référence souhaité par Fernand Sastre pourrait se résumer en trois lettres : INF. Avec l'Équipe de France, l'Institut National du Football est l'autre emblème de Clairefontaine. Ici, les élèves sont en pré-formation. Âgés de 13, 14 et 15 ans, ils sont les meilleurs des régions Paris-Île-de-France et Normandie. 13 Pôles Espoirs masculins et 7 féminins complètent le maillage national comme à Châteauroux, où ont été formés Florian Thauvin et Morgan Sanson réunis sous le maillot de l'OM.

Gagner son droit d'entrée est déjà une victoire (1 700 à 2 000 candidats au départ). Le parcours de sélection ne laisse rien au hasard. Chaque année, dès le mois d'octobre, une première détection dans la catégorie U13 est organisée dans les départements concernés. Une cinquantaine de joueurs par district sont sélectionnés. En février, les joueurs et leurs entraîneurs sont invités une demi-journée sur le site. La sélection se poursuit jusqu'au stage final, à Clairefontaine, en avril. Sur la cinquantaine de candidats toujours qualifiés, 23 entreront au Centre pour se former en première année.

DUR !

Le stage final se divise en trois parties.
Jour 1 : tests médicaux et examen des bulletins scolaires.
Jour 2 : tests techniques et matches 3/3, 5/5, 8/8.
Jour 3 : matches à 11.

LE DÉTAIL QUI TUE

Parmi les tests médicaux, les responsables de l'INF attachent une attention particulière à la radio du poignet. En effet, c'est elle qui détermine « l'âge osseux », donnée essentielle en pleine période de croissance.

À L'INF

L'ENCADREMENT SPORTIF ET PÉDAGOGIQUE

- 1 directeur Jean-Claude Lafargue
- 3 coachs dont 1 pour les gardiens
- 3 surveillants gèrent « le soir » (de 18h30 au réveil), la sécurité des élèves et leurs devoirs...

23 élèves entrent chaque année au Centre pour leur cycle de pré-formation.

SYMPA !

De 1972 à 1988, l'Institut National du Football était basé à Vichy (Allier). C'est là que Jean-Pierre Papin, Ballon d'or en 1991, y a fait ses classes.

AH BON ?

Le pôle France féminin a été basé à Clairefontaine de 1998 à 2014, avant de déménager à l'INSEP, à Vincennes. 6 autres pôles féminins existent dans l'Hexagone.

1 responsable scolaire

1 responsable administrative

MARRANT !

Les stagiaires sont deux par chambre (les 1re année au 1er étage, les 2e année au second), mais pas les gardiens, car leur équipement prend plus de place !

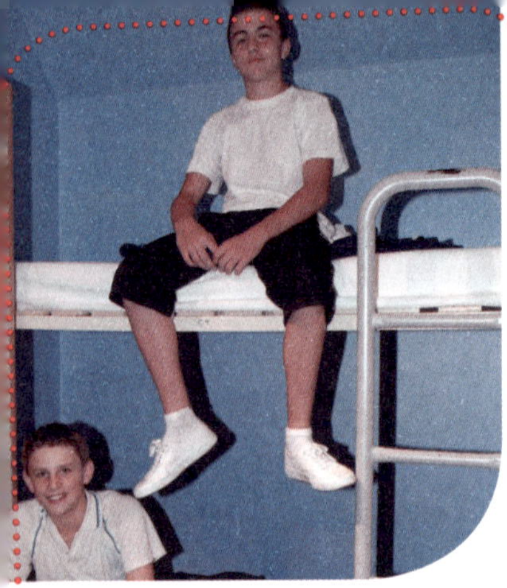

Les stagiaires sont tous internes. Ils dorment au Centre du lundi au vendredi.

Clairefontaine

À l'INF : la journée d'un stagiaire

La journée? Collège + Football. Cours le matin, cantine et cours en début d'après-midi au collège de Rambouillet, puis retour à Clairefontaine pour l'entraînement de 16h30. Soins, renforcement musculaire, cours «technico-tactiques» et/ou entretiens avec des psychologues s'ajoutent au programme avant le repas du soir à 19h00, le moment de détente de la journée où chacun peut récupérer son portable pour quarante-cinq minutes. Et après, au lit? Non, devoirs de 20 heures à 22 heures avec trente minutes de travail individuel en chambre et des interventions possibles de professeurs. Extinction des feux à 22h15.

Le joueur est au cœur du projet éducatif qui porte sur trois axes : la scolarité, le sportif et la vie sociale. À l'INF, tout est gratuit (seule la cantine au collège est payante). On met en avant l'esprit de récompense, on responsabilise pour mener au mieux vers l'autonomie. Chaque interne est responsable de sa chambre et des vestiaires, il y a des règles à respecter et la politesse est de mise. Tout cela en veillant à l'équilibre psychologique, car plus le stagiaire se sent déraciné, plus ses chances de succès diminuent.

DUR !

Gare à la discipline. Un mauvais comportement signifie pas d'entraînement !

MOTIVÉ !

Quand un joueur est blessé, il passe la séance d'entraînement aux soins ou bien il s'avance dans ses devoirs : chaque minute compte à l'INF.

ZOOM

LA DOTATION DE CHAQUE STAGIAIRE

- 1 sac
- 1 ballon
- 1 paire de protège-tibias
- 5 paires de chaussures
- 4 paires de chaussettes
- 2 shorts
- 2 maillots

Renforcement musculaire, gainage, travail athlétique sont au programme sportif des stagiaires.

BIEN **DIT** !

«Tout le monde forme une équipe pour pousser les joueurs à leur maximum. Être exigeant, mais en restant dans le plaisir. Clairefontaine, c'est un nom, un passé, un lieu. Une école de la vie. »
Jean-Claude Lafargue, *directeur de l'INF*.

MALIN !

Des intervenants extérieurs abordent des sujets comme la laïcité ou le vivre ensemble au Centre.

- **2** survêtements d'entraînement
- **1** survêtement de sortie
- **1** sweat-shirt
- **1** coupe-vent
- **1** parka
- **1** blouson

LE **DÉTAIL** QUI TUE

Chaque lundi, à son retour àl'INF, le stagiaire remplit une feuille d'auto-évaluation après son match du week-end en club. Il tient aussi une «feuille de bien-être», qui permet aux éducateurs de suivre sa forme.

Avoir 13 ans et être licencié à la FFF : les deux seules conditions pour être candidat à la formation d'arbitre.

Clairefontaine

L'école des arbitres

Les joueurs, les sélections, les entraîneurs... et aussi les arbitres ont leur camp de base à Clairefontaine. C'est là que se réunissent deux fois par an les arbitres fédéraux. C'est là que se rassemblent vingt-deux semaines par an ceux qui officient en Ligue 1 sous l'œil avisé et attentif de Pascal Garibian, le directeur technique de l'arbitrage (DTA) depuis 2013. Au sein de la FFF et sous l'autorité de la Commission fédérale des arbitres (CFA), la DTA forme, observe et analyse les performances des arbitres. Elle gère aussi leurs nominations pour tous les matches de Ligue 1, Ligue 2, championnats nationaux seniors, masculins, féminins, futsal, jeunes, et Coupes nationales.

Les membres de la DTA sont aussi en charge de la formation des arbitres. À l'échelon national, des stages de préparation physique et des examens annuels sont obligatoires ; ils se déroulent tous à Clairefontaine.

RESPECT !

Chaque week-end en France, environ 26 000 arbitres hommes et femmes participent à la bonne gestion des matches sur les terrains de football.

MALIN !

Les Ligues (pour les championnats régionaux) et les Districts (pour les championnats départementaux) nomment les arbitres.

CHRONO EXPRESS

2002
création des Journées Nationales de l'Arbitrage (JNA)

2007
Après l'enseigne d'ameublement BUT, La Poste devient le partenaire majeur des arbitres français.

14 décembre 2016
au CNF, premier entraînement avec assistance vidéo à l'arbitrage pour les arbitres de Ligue 1

Plus de 55 sessions de formation d'entraîneurs sont dispensées chaque année à Clairefontaine.

Clairefontaine

L'école des entraîneurs

Au CNF, la formation ne se limite pas aux joueurs. C'est ici, sous l'égide de la DTN, que l'on devient aussi un entraîneur de football professionnel. Passage obligatoire pour celles et ceux qui aspirent à évoluer au plus haut niveau, les cours de formation relatifs au BEPF (Brevet d'Entraîneur Professionnel de Football) sont dispensés tout au long de l'année au Centre. Sous la responsabilité pédagogique de Patrick Gonfalone (entraîneur national) depuis 2017, le parcours est encadré par Philippe Montanier et Franck Thivilier. Mais « à Clairef' », de nombreuses autres formations d'entraîneurs sont possibles, comme par exemple le BEFF (Brevet d'Entraîneur Formateur de Football) ou le DES (Diplôme d'État Supérieur) mention « football ». Enfin, plusieurs certificats de spécialités (gardien de but, préparation athlétique, optimisation de la performance « aspects mentaux », conseiller technique, futsal...) font également partie de l'offre proposée par l'Institut de Formation du Football (IFF) de la FFF.

LA CLASSE !

Neuf candidats ont été reçus lors de la session de formation 2016-2017 du BEPF avec, parmi eux, Mickaël Landreau.

EN VO

Dans le cadre de sa politique de développement à l'étranger, la FFF, en étroite collaboration avec la DTN et l'IFF, vient de lancer un pôle entièrement dédié à la formation des formateurs à vocation internationale.

ZOOM EN CHIFFRES

40 semaines entières dédiées à la formation par an au Centre

124 stagiaires dans les modules de spécialisation lors de la formation 2017/2018

320 heures de cours. C'est la durée de la formation au BEPF.

700 stagiaires réunis chaque saison au Centre pour suivre des formations

Le stade **Pierre-Pibarot**, c'est :

- une piste d'athlétisme de **400 m**
- une **tribune**
- le lieu des **séances ouvertes** au public

HALLUCINANT !

Clairefontaine compte 76500 m² de pelouses engazonnées, 22600 m² de terrains synthétiques et 82000 m² de parc. Soit plus de 16 Stades de France !

MALIN !

Le Centre médical offre tout ce qu'il faut aux médecins et aux kinés, mais des tests physiques sont aussi effectués sur la piste d'athlétisme (autour du terrain Pibarot) ou sur le terrain synthétique couvert.

Clairefontaine

Du foot à perte de

Quand on arrive au Centre, on voit d'abord une barrière baissée, un poste de sécurité et un agent de sécurité pour le contrôle des entrées, un feu rouge... Ça sent la forêt. Puis le feu passe au vert et la barrière s'ouvre sur une route étroite, à sens unique, qui serpente dans la végétation. Et d'un coup, la lumière. Dès le parking, les parfums changent. Ça sent la pelouse. Face à nous, la «mini plaine» : deux terrains d'entraînement qui s'étirent devant le stade Pierre-Pibarot, doté d'une tribune, cerclé d'une piste d'athlétisme et chauffé par 32,7 km de câbles. C'est souvent là que l'Équipe de France s'entraîne, pour les séances en public notamment. Dans le prolongement, «la plaine», une enfilade où se côtoient des terrains synthétiques dernière génération et d'autres en gazon. Caché à l'ombre du Château, se trouve le petit bijou, le terrain Michel Platini. Il est réservé en grande partie aux entraînements à huis-clos des Bleus ; il se situe en contrebas, devant le toit d'un autre terrain, synthétique et couvert, qui abrite aussi un gymnase aux normes du futsal.

ZOOM EN CHIFFRES

- **11** terrains de football au total
- **4** terrains en gazon naturel
- **2** terrains en gazon hybride
- **3** terrains synthétiques homologués FIFA (dont 1 couvert)

vue

Le terrain Michel Platini est en contrebas du bâtiment administratif et du Château.

BIEN **DIT !**

« On a d'excellentes infrastructures et les conditions de travail sont parfaites. Tout est fait pour mettre les joueurs dans les meilleures conditions. »
Didier Deschamps, *sélectionneur de l'Équipe de France*

RESPECT !

Il y a plus d'un siècle, le château s'est transformé en… dispensaire ! Il a accueilli les soldats de la bataille de Verdun en convalescence, pendant la Première Guerre mondiale (1914-1918).

- **2** terrains de football réduits (dont 1 terrain de foot à 5)
- **14** vestiaires
- **1** salle de musculation et 5 salles de massage
- **1** gymnase pour le futsal et les sports de salle

LA **CLASSE !**

Avec 520 places assises dans sa tribune (aussi équipée de vestiaires), le Pierre-Pibarot est le terrain d'honneur du Centre. C'est là que se disputent certains matches officiels de sélections de jeunes.

Le 17 avril 2013, le président de la FFF, Noël Le Graët, reçoit le précieux Label d'excellence FIFA.

Clairefontaine

À la pointe de la médecine

Ouvert en 2006 et inauguré le 31 mars 2007, le Centre médical a une réputation internationale. La FIFA lui a attribué en avril 2013 et renouvelé en décembre 2017 son prestigieux label «Centre médical d'Excellence». Ici, le suivi médical des joueurs et joueuses, qu'ils soient des Équipes de France, des sélections nationales de jeunes, ou de l'INF, mais aussi des arbitres de la FFF, est «au top». Plusieurs clubs professionnels de Ligue 1 et Ligue 2 ont lié des partenariats avec la FFF pour bénéficier de ses services, et de nombreux sportifs d'autres disciplines viennent également s'y soigner, parfois de l'étranger.

Un équipement de haut niveau, dont un espace de balnéothérapie, et trois pôles sont mis à leur disposition sur 1400 m² par Emmanuel Orhant, le directeur médical de la FFF, et son équipe : le pôle «soins», le pôle «évaluation» et le pôle «rééducation-réathlétisation». Près de 8000 personnes l'ont fréquenté en 2017. C'est l'Excellence avec un grand E.

C'EST **DIT !**

«Le centre a acquis une très bonne réputation en matière de rééducation mais aussi de prévention.»
Dr Michel D'Hooghe, *président de la Commission médicale de la FIFA.*

AH **BON?**

Avant 2006, le Centre médical était installé à *La Villa*, l'une des résidences du CNF..

ZOOM EN CHIFFRES

12 personnes travaillent à temps plein au Centre médical.

1 table de radiologie

1 appareil d'échographie

RESPECT !

Une stèle en hommage au professeur Pierre Rochcongar (grande figure de la médecine du sport français, ancien médecin fédéral national et ancien médecin des Bleus) décédé le 2 décembre 2016 à l'âge de 69 ans, a été inaugurée par Noël Le Graët, le président de la FFF, le 31 octobre 2017 au CNF.

LA CLASSE !

Au-delà des soins prodigués, le Centre accueille des étudiants en dernière année de médecine et consacre aussi une part de ses ressources à la recherche appliquée, comme un laboratoire.

Dans ce Centre se croisent trois médecins, cinq kinés, des préparateurs physiques, psychologues, podologues, diététiciens, cardiologues et dentistes !

300 m²
la surface de l'espace entièrement dédié à la balnéothérapie

70 m²
la surface du bassin exclusivement dédié à la rééducation

TROP GORE !

Alter G, Cybex, Contrex, Biodex... Cellu M6, LPG, Genourob... voilà quelques noms des appareils ultra-modernes du Centre.

le Centre de Formation
et de Conférences (CFC), c'est :
30 000 nuitées, **95 000** repas,
90 séminaires (*chiffres de 2013*).

MALIN !

Le nouveau bâtiment principal regroupe aujourd'hui toute l'administration du CNF, une grande partie de la Direction Technique Nationale (DTN), dont son pôle audiovisuel, et l'Institut de Formation du Football (IFF).

CULTE !

Si les terres de Clairefontaine s'ouvrent au monde extérieur, elles sont aussi très prisées du football professionnel. On peut donc y croiser des salariés d'entreprises réunis en séminaire et des joueurs professionnels en stage !

Clairefontaine

Du foot, mais pas que…

Depuis le mois de mars 2016, Clairefontaine c'est aussi le nouveau Centre de Formation et de Conférences (CFC). Des installations flambant neuves, modulables et dotées des dernières technologies offrent de multiples solutions événementielles. Inauguré par Thierry Braillard, le ministre des Sports, et Noël Le Graët, le président de la FFF, le 8 avril 2016 à la suite d'importants travaux de modernisation qui l'ont totalement redessiné (l'ancien bâtiment administratif a été rasé), il est le lieu idéal pour se retrouver dans un univers studieux, décontracté, mais aussi chargé d'histoire.

Séjourner à Clairefontaine, c'est respirer le haut niveau. En demi-journée, en journée ou même sur plusieurs jours avec formule d'hébergement-restauration dans l'une des résidences du domaine (dont le Château), tout est possible pour y organiser des séminaires d'envergure. Le nouveau CFC s'étend maintenant sur une surface de 5 200 m², contre 1 200 m² pour le précédent, sur le même emplacement. Le CNF, qui a 30 ans, a changé de dimension !

CLAIREFONTAINE C'EST AUSSI :

2 auditoriums de 110 et 254 places

15 salles de réunion équipées de matériel multimédia

198 chambres / 300 lits

Plus petit que le Fernand Sastre et ses 254 places, l'auditorium Georges Boulogne contient 110 places.

MARRANT !

Les noms des différentes résidences du CNF : *Résidence Équipe de France* : 20 chambres singles et 10 chambres twins. *La Villa* : 11 chambres singles. *Espoirs* : 30 chambres twins. *Élite* : 23 chambres twins. *Sélections* : 45 chambres singles. *Avenir* : 11 chambres twins, 12 chambres triples et 1 chambre quadruple.

HALLUCINANT !

Trésor caché du nouveau Centre, la salle Jules Rimet (du nom de l'ancien président de la FFF et de la FIFA) s'ouvre sur 600 m² totalement modulables et cloisonnables.

120 événements par an

60 000 visiteurs par an

95 000 repas par an

EN VO

Sur place, tout est fourni. Écran mobile, écran mural, fléchage personnalisé… et même, sur demande, des cabines de traduction simultanée !

Pour prendre soin des pelouses :
- 9 tondeuses
- 539 tontes pour la saison 2016-2017 !

Clairefontaine

Une organisation impeccable

L'obligation d'excellence mais aussi la taille du site demandent une organisation parfaite. Sous la direction d'Éric Latronico, responsable du CNF, 25 salariés de la FFF travaillent chaque jour (et parfois le week-end) à Clairefontaine. Tous organisent au mieux la vie sur place dans un emploi du temps très chargé : ils veillent au bien-être des résidents (joueurs, stagiaires...), organisent les séjours ou pilotent les travaux, tout en assurant le bon fonctionnement quotidien de l'ensemble de la structure au sein de laquelle œuvrent également leurs collègues de la DTN (entraîneurs nationaux, membres de l'INF, audiovisuel), du Centre médical et de l'Institut de Formation du Football (INF).

Entre l'INF, les stages (clubs pros ou amateurs, sélections étrangères, formations des entraîneurs et des arbitres) ou les conférences/séminaires, l'animation est grande même quand l'Équipe de France n'est pas là. Tous contribuent au rayonnement du Centre en l'intégrant harmonieusement dans son environnement exceptionnel. « Nous sommes dans un cadre privilégié qui permet de travailler sereinement pour préparer toutes les diverses échéances sportives », sourit Éric Latronico.

LE DÉTAIL QUI TUE

Près d'une centaine de personnes travaillent sur le site : les salariés de la FFF, le personnel d'accueil, de restauration, les services d'entretien, de maintenance et de sécurité.

HALLUCINANT !

En tout (maillots, shorts, chaussettes...), plus de 500 000 pièces sont remises aux joueurs chaque année en dotation au CNF !

ZOOM SUR LES ÉQUIPEMENTS

+ de 800 joueurs et joueuses tricolores à équiper chaque saison

300 cadres techniques nationaux, régionaux et départementaux

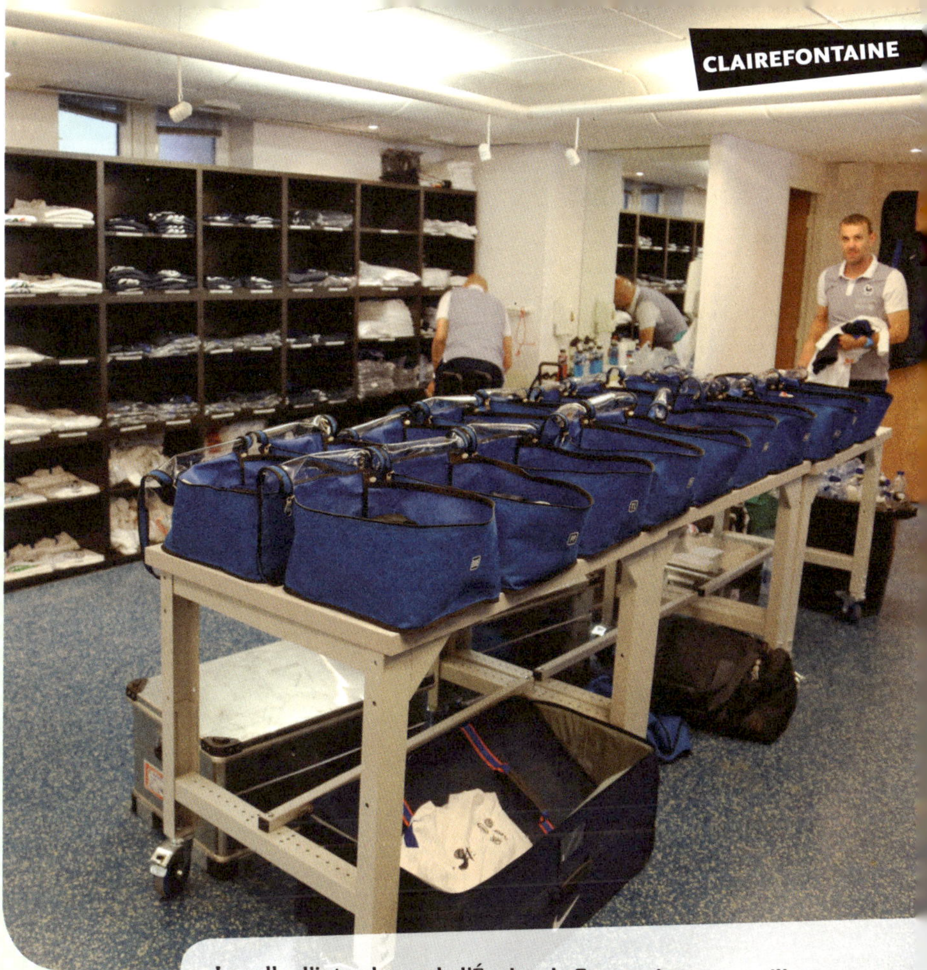

La salle d'intendance de l'Équipe de France. Avec ses maillots, shorts, chaussettes... c'est la caverne des Bleus.

MOTIVÉ !

Le service des équipements du CNF ressemble souvent à une vraie fourmilière, et pour cause : plus de 200 matches par an concernent les différentes sélections nationales tricolores.

RESPECT !

Entre les livraisons, les départs, les commandes ou les enregistrements... chaque année, plus de 1600 personnes se croisent, rien qu'au service des équipements.

400 arbitres

84 joueurs de l'Équipe de France depuis juillet 2012

EN VO

« Si Fernand Sastre pouvait être présent à nos côtés pour regarder l'évolution de Clairefontaine, je pense qu'il serait fier de nous et de vous. »
Noël Le Graët, *président de la FFF*, le 8 avril 2016, jour de l'inauguration du nouveau CFC.

Éric Latronico (directeur du CNF) et Larry Zheng (président du Shankai ST) célèbrent leur partenariat.

Clairefontaine

Le CNF, un modèle

Précurseur lors de ses premières années d'existence, le Centre est aussi devenu un modèle connu et reconnu à travers le monde. De nombreuses délégations étrangères l'ont visité. Beaucoup s'en sont inspiré, d'autres s'en inspirent encore.

Depuis 2011, sous l'impulsion de Noël Le Graët, président de la FFF, d'importants moyens ont été développés pour maintenir l'outil à la pointe de la performance dans tous les domaines. La FIFA (Fédération Internationale de Football) a renouvelé son label d'excellence au Centre médical en décembre 2017 ; l'UEFA (Union des Associations Européennes de Football) y organise régulièrement des *Study Groups* (journées de réunions, d'échanges et de réflexion à propos de l'évolution du jeu, des joueurs, etc.). Outre le partenariat avec la MLS *(voir ci-contre)*, Clairefontaine accueille aussi tous les étés des arbitres québécois dans le cadre de la convention de coopération et d'échanges en matière de formation et d'arbitrage qui unit la FFF et la Fédération Québécoise de Football. En plus d'être un modèle, le CNF s'impose aussi comme un élément essentiel du rayonnement international de la Fédération Française de Football.

BIEN **DIT !**

« Clairefontaine, ce n'est pas seulement la maison de l'Équipe de France A. C'est aussi les sélections de jeunes, les féminines, la formation, des stages de sélections, des séminaires. C'est un outil pour l'ensemble du football français, une référence. » Noël Le Graët, *président de la FFF*

LE **DÉTAIL** QUI TUE

Quelques mois après avoir ouvert un bureau à Pékin (en février 2017), la FFF a signé un accord exclusif de coopération avec Shankai Sport Travel, une entreprise chinoise spécialisée dans le tourisme sportif. Le CNF forme donc aussi les jeunes chinois.

ZOOM EN CHIFFRES

2
les travaux de rénovation auront duré plus de deux ans entre 2014 et 2016.

4
le nombre d'étages du Centre de Formation et de Conférences

Une journée de *draft* (une détection) organisée au CNF dans le cadre du partenariat avec la MLS

MALIN !

Depuis 2013, la FFF a conclu un partenariat avec la *Major League Soccer* (MLS), la ligue de football nord-américaine. De futurs directeurs des centres de formation des clubs de MLS sont formés à Clairefontaine.

2e CHANCE

Une *draft* (une détection) permet chaque année à de jeunes footballeurs français issus des centres de formation et du monde amateur, qui n'ont pas signé de contrat pro, de rejoindre le championnat universitaire américain et d'y étudier.

LA CLASSE !

La « mise au vert de rêve » permet à un club de niveau régional (Ligue) de préparer son match de Coupe de France comme l'Équipe de France : entraînement sur les pelouses de Clairefontaine, soirée et nuit dans le Château.

300 m^2
d'espace muséal dédiés à l'histoire des Équipes de France

350
le nombre minimum de journées pendant lesquelles le Centre est ouvert. Soit quasiment toute l'année.

Le Château est réservé aux Équipes de France A, féminine et masculine.

Avec les Bleus

La montée des marches

Chaque fois, c'est pareil. Le premier jour d'un rassemblement, la matinée du lundi déroule son même défilé de taxis, de vans et de vitres teintées. Les joueurs évoluant dans le même club (Lloris et Sissoko de Tottenham; Koscielny et Lacazette d'Arsenal...) sortent souvent du même véhicule après avoir effectué le voyage ensemble.

Devant le Château, un espace est spécialement aménagé pour les photographes et les caméras. C'est l'arrivée des Bleus. Les images passent en boucle sur les chaînes d'info du jour; les photos fleuriront dans les journaux du lendemain. On guette ici une tenue parfois extravagante de certains habitués, ou les premiers pas du petit nouveau comme Benjamin Pavard, l'un des derniers sélectionnés par Didier Deschamps en novembre 2017, convoqué pour la première fois pour les deux matches amicaux contre le Pays de Galles et l'Allemagne. « Ce n'est que du bonheur. Les joueurs, le staff, tout le monde m'a vraiment mis dans les meilleures conditions ». Bienvenue dans la grande maison!

SÉQUENCE **ÉMOTION**

Un joueur peut arriver tard dans la soirée ou même dans la nuit, à Clairefontaine. Il débarque en renfort, en remplacement d'un autre sélectionné, blessé et déclaré inapte par le service médical.

LA **STAR**

En 1998, c'est Bernard Pivot qui avait rempli la bibliothèque du Château avant la Coupe du monde avec une sélection d'environ 300 livres mis à la disposition des joueurs.

ZOOM LES RECORDS DES BLEUS

10-0 la plus large victoire contre l'Azerbaïdjan (6/09/1995)

7-0 la plus large victoire à l'extérieur (à Chypre, le 11/10/1980)

14 la plus longue série de victoires consécutives (du 29/03/2003 au 18/02/2004)

Les photographes sont toujours prêts à immortaliser la montée des marches des Bleus, à leur arrivée à Clairefontaine.

TROP **GORE !**

Le bizutage à Clairefontaine est un classique redouté : le premier soir, au moment du repas, la nouvelle star doit monter sur sa chaise pour entonner la chanson de son choix.

EN **VO**

«C'est fou, mais je ne me souviens pas du tout de ce qu'a pu devenir mon premier maillot.»
Marcel Desailly

30
la plus longue série de matches sans défaite (du 16/02/1994 au 9/10/1996)

51
le nombre de buts marqués par Thierry Henry, le meilleur total de l'histoire

142
le nombre de sélections de Lilian Thuram, le recordman en la matière

BIEN **DIT !**

« La première sélection, c'est toujours beaucoup d'émotion. Mais à Clairefontaine, tout le monde m'a vraiment mis à l'aise tout de suite. »
Antoine Griezmann

Hugo Lloris arrive le lundi matin au rassemblement.

Avec les Bleus

La vie de château

Le grand escalier impressionne, surtout quand on monte ses onze marches pour la première fois. Le Château, également baptisé «Résidence de l'Équipe de France», c'est l'antre des Bleus et son perron, «l'ascenseur» vers un autre monde. C'est là que les joueurs (ou les joueuses) sélectionnés se retrouvent, que le match ait lieu au Stade de France, ailleurs en France ou à l'étranger. Pour chaque rassemblement, le sélectionneur convoque vingt-trois (ou vingt-quatre) heureux élus, amenés à disputer les rencontres internationales.

La plupart des joueurs connaissent déjà les lieux pour avoir été sélectionnés chez les jeunes. Mais là, c'est la Résidence réservée à l'Équipe de France A, la grande. Il y a d'abord l'annonce de la liste, qui se déroule traditionnellement au siège de la Fédération à Paris; et il y a l'heure du rassemblement, fixée à midi, le lundi suivant, à Clairefontaine pour le déjeuner. Libre à chacun d'arriver plus tôt. Mais le retard, en revanche, coûte une amende en guise de bienvenue.

LE DÉTAIL QUI TUE

À son arrivée, chaque joueur récupère son paquetage (sac personnalisé) et la clé de sa chambre. La priorité? Aller se changer pour revêtir la tenue officielle.

BIEN DIT!

«Je suis venu avec le strict minimum. Caleçons et trousse de toilette. Mais je l'aurais oubliée, ce n'était pas grave. Il y a tout ici. Nous sommes assistés de A à Z.» Loïc Rémy, avant l'Euro 2012.

DE 1904 À 2018, L'ÉQUIPE DE FRANCE, C'EST:

(statistique arrêtée au 31/12/2017)

901 joueurs

829 matches

404 victoires

173 nuls

Dès leur arrivée au Château, les joueurs récupèrent leur paquetage personnel.

AH BON?

Chaque chambre porte le nom d'un champion du monde 1998 et d'Europe 2000. Le sélectionneur Didier Deschamps ne dort pas dans celle qui porte son nom, mais dans la n° 17, la chambre «Thierry Henry».

MARRANT!

Pendant les rassemblements, les joueurs peuvent se retrouver au «Corner», le bar mitoyen du Château, et au «Coup franc», leur nouvel espace détente.

252 défaites

1465 buts marqués

1171 buts encaissés

LA CLASSE!

L'Équipe de France est la seule nation à avoir remporté la Coupe des Confédérations deux fois de suite. C'était en 2001 (au Japon/Corée du Sud) et en 2003 (en France).

Le petit déjeuner des Bleus au rez-de-chaussée du Château

Avec les Bleus

Comme à l'hôtel !

Le petit déjeuner constitue un rendez-vous essentiel dans l'équilibre alimentaire d'un athlète de haut niveau. C'est le premier rendez-vous de la journée. À l'intérieur du Château, il se prend dans la grande salle à manger, au rez-de-chaussée, où les joueurs ont chacun leur place à la grande table, pendant que le staff déjeune à la sienne. Souvent d'ailleurs, les membres de l'encadrement sont les premiers. Les joueurs, eux, arrivent au compte-gouttes jusqu'à 10 heures, la dernière limite.

Chaque matin, c'est comme à l'hôtel. Boissons chaudes, jus de fruits. Tout a été préparé par le chef cuisinier et son équipe, tout est en libre-service. Avec au choix, des fruits, beaucoup de fruits frais (agrumes, kiwis, fruits de saison…) et beaucoup de fruits secs (abricots, figues…). Les produits laitiers et les céréales occupent également une place prépondérante dans ce premier repas de la journée, alors que les tartes, les pancakes, les crêpes ou les omelettes sont aussi à la carte.

HALLUCINANT !

10 personnes au minimum constituent l'équipe de restauration quand l'Équipe de France se trouve à Clairefontaine.

MOTIVÉ !

Le chef cuisinier ne se déplace pas seulement au CNF pour accompagner les Bleus en stage. Il les suit également sur tous les matches, en France comme à l'étranger.

LES HOMMES DE L'OMBRE

DE DIDIER DESCHAMPS POUR LA COUPE DU MONDE 2018

chef de presse
Philippe Tournon

informatique et vidéo
Thierry Marszalek
Éric Dubray

journaliste reporter d'images responsable des contenus digitaux de la FFF
Guillaume Bigot

responsable administratif
Philippe Brocherieux

Baby, ping-pong ou billard ?

Moment de détente dans le Grand Salon : ping-pong, baby-foot, jeux vidéos…

L'emploi du temps est quasiment minuté entre les séances d'entraînement, de soins ou les plages de repos (qui font aussi partie intégrante du planning au plus haut niveau), mais les internationaux apprécient aussi particulièrement les moments de détente et de convivialité qui agrémentent les journées d'un stage.

Le *perudo*, jeu de dés chilien basé sur le bluff, est à la mode à Clairefontaine, mais d'autres parties de cartes enflamment régulièrement les salons. Ils jouent aussi au billard, au baby-foot et au tennis de table. «Après le foot, c'est ma deuxième passion avec le basket», explique Paul Pogba. Évidemment, les défis s'enchaînent aussi aux jeux vidéo. Sinon, les joueurs, qui disposent de leur propre matériel informatique, sont aussi friands de films et de séries qu'ils regardent dans leur chambre.

MIAM !

Les pâtes restent l'aliment star pendant le stage des Bleus. On en cuit six à huit kilos par jour, au minimum !

SÉQUENCE ÉMOTION

Ce n'était pas à Clairefontaine, mais c'est tout comme… Une nuit de stage à Tignes, David Trezeguet a réveillé Henri Émile, l'intendant des Bleus, à 3 heures du matin, avec une bonne raison : «Riton, je suis papa d'un petit garçon.»

responsable sécurité
Mohamed Sanhadji

intendant
Bachir Néhar

représentant Nike (équipementier)
Nicolas Piry

cuisinier
Xavier Rousseau

Avant chaque phase finale, le président de la République vient encourager les Bleus (ici François Hollande, avant l'Euro 2016).

Avec les Bleus

Prendre ses marques

Chaque joueur se voit remettre une dotation dès son arrivée au Château. Elle comprend absolument tous les équipements dont il aura besoin pendant le stage : t-shirts, shorts, survêtements... chaque pièce, jusqu'au sac, est personnalisée à ses initiales : AG pour Antoine Griezmann, RV pour Raphaël Varane, BM pour Blaise Matuidi... Une manière de responsabiliser chacun à l'intérieur du groupe.

Pendant ces quelques jours de vie commune, chaque détail compte et l'individualisation du travail occupe une bonne place aux yeux du staff et du sélectionneur. Le premier jour du stage est à ce titre le meilleur exemple car c'est le jour de la « remise à niveau » : il y a les joueurs qui ont joué la veille au soir avec leur club, ceux qui ont joué l'avant-veille, ceux qui ont peu joué, ceux qui n'ont pas joué. Pour chacun, le programme diffère. Des soins, des étirements pour les premiers, dans un travail essentiellement axé sur la récupération. Des courses légères, voire un peu de jeu avec ballon pour les autres, afin de retrouver du rythme.

AH BON ?

Sur les vingt-trois joueurs convoqués, il arrive que moins de la moitié sortent sur le terrain le premier jour. Les « invisibles » sont en soins, au Centre médical, ou travaillent en salle.

MALIN !

Pour effectuer les déplacements de la Résidence (c'est le Château) jusqu'aux terrains d'entraînement, c'est au choix : à pied, en voiturette ou carrément dans la camionnette qui transporte le matériel !

LE STAFF TECHNIQUE DE DIDIER DESCHAMPS

entraîneur adjoint
Guy Stéphan

entraîneur des gardiens de but
Franck Raviot

Priorité aux tests physiques et médicaux en début de stage;
ici Marie-Laure Délie, l'attaquante des Bleues, en plein exercice.

LE DÉTAIL QUI TUE

Les Bleus et les Bleues s'entraînent soit sur le terrain Pierre-Pibarot, notamment pour les séances ouvertes aux supporters, soit sur le terrain Michel Platini, plus à l'écart, pour les huis-clos.

DUR !

Les petits jeux techniques, les toros, les tennis-ballon... à chaque exercice son défi. Souvent, le perdant prend une rafale de «tiquettes» (une claque du doigt derrière l'oreille) de la part des vainqueurs. Ça fait mal, mais ça fait beaucoup rire!

préparateur physique
Grégory Dupont

LA CLASSE !

Depuis 2012, chaque joueur de l'Équipe de France dispose d'une chambre individuelle dans le Château.

Moment de rêve pour les fans : ils peuvent voir leurs idoles et leur parler !

Avec les Bleus

Comme des ambassadeurs

Un rassemblement de l'Équipe de France à Clairefontaine, c'est aussi l'occasion pour des centaines de chanceux de s'approcher des Bleus au plus près. La Fédération Française de Football organise régulièrement des entraînements ouverts aux supporters. La séance se déroule alors sur le terrain Pierre-Pibarot. C'est le moment rêvé des fans qui peuvent côtoyer au plus près leurs idoles, toucher les Bleus. Un selfie, une poignée de mains, un carnet d'autographes, il n'y en a jamais assez...

Au-delà de cette proximité avec les fans, chaque rassemblement est aussi l'occasion d'une somme de rendez-vous incontournables pour les tricolores, comme les conférences de presse, qui se déroulent dans le grand amphithéâtre, au cœur du nouveau Centre de Formation et de Conférences. Quand ce n'est pas Didier Deschamps, deux ou trois joueurs sont au programme (quinze minutes chacun). Aussi, diverses opérations se calent comme la prise des mesures pour la confection des costumes, les photos/vidéos qui serviront pour l'animation officielle au stade, les soirs de matches, ou les opérations avec les partenaires de la FFF.

ÇA ALORS !

Depuis 2004, Mohamed Sanhadji est chargé de la sécurité des Bleus. Détaché par la police nationale, «Momo», comme le surnomment les joueurs, était aussi Casque bleu en ex-Yougoslavie !

LA STAR

Depuis 2013, c'est la très chic maison Francesco Smalto qui habille les Bleus : costume officiel deux pièces et derbies bleues (les chaussures)... mais oui !

LES MOTS DU STAFF

EN PHASE FINALE DE COUPE DU MONDE OU DE CHAMPIONNAT D'EUROPE

- **J-2** : travail spécifique (coups de pied arrêtés, systèmes de jeu...)
- **J-1** : mise en place + explosivité/tonicité
- **Jour de match** : promenade, collation, causerie, départ pour le stade

Une journée complète au CNF et un entraînement avec les Bleus. Tu as entre 8 et 13 ans, tu rêves de t'entraîner avec les Bleus? C'est possible! *(boutique.fff.fr/entrainement-de-reve-fff)*

MOTIVÉ!

André Bisson, le chef cuisinier des Bleus pendant la Coupe du monde 1998, a effectué un aller-retour en Italie pour apprendre à faire les pâtes «à l'italienne», *al dente*. Zinédine Zidane était fan!

EN VO

«Clairefontaine, c'est un lieu mythique, de pèlerinage. Un endroit reconnu et estimé dans le monde entier. C'est pour moi un privilège, une fierté et un honneur d'y travailler au quotidien. On a une mission lorsqu'on exerce là-bas.» Franck Raviot, *entraîneur des gardiens de but des Bleus.*

MARRANT!

«Le Couvent», c'est ainsi que Bixente Lizarazu avait surnommé le CNF pendant la Coupe du monde 1998. «Parce qu'on était à l'écart de tout, dans notre bulle. Comme des moines!»

J+1

lendemain de match (récupération, soins)

J+2

soins, entraînement + oppositions (match pour les remplaçants)

En séance de cryothérapie (-65 °C ici), pour accélérer la récupération, Élodie Thomis, attaquante des Bleues

Avec les Bleus

Aux petits soins

Si la préparation physique reste au cœur de la vie d'un athlète de haut niveau, la récupération et les soins font aussi partie intégrante du quotidien des footballeurs de l'Équipe de France. À Clairefontaine, il y a le Centre médical, labellisé FIFA, qui regroupe toutes les infrastructures possibles.

Oui, mais… à la demande du sélectionneur Didier Deschamps, un nouvel espace de récupération a été mis en place au moment de la préparation de la Coupe du monde 2014. Enfoui au deuxième sous-sol, sous le vestiaire exclusivement réservé aux joueurs de l'Équipe de France, c'est le nouveau trésor caché de la Résidence des A. L'un des lieux les plus mystérieux de Clairefontaine depuis que les importants travaux de rénovation ont tout redessiné, en surface mais aussi en profondeur. L'espace « balnéothérapie-récupération » est le jardin secret des Bleus. Il se divise en quatre zones : musculation, étirements, massages et bains. Et puisqu'il ne manque vraiment rien, il y a aussi un sauna.

MALIN !

Le nouvel espace balnéothérapie est directement accessible depuis le Château, sans sortir.

SYMPA !

Après chaque entraînement, les Bleus ont la possibilité de plonger dans un bain froid à 8 °C, au minimum pendant une minute trente, puis dans un bain chaud à 36 °C.

LE STAFF MÉDICAL DES BLEUS POUR LA COUPE DU MONDE 2018

1 médecin

Franck Le Gall

4 kinésithérapeutes

Christophe Geoffroy, Alexandre Germain, Denis Morcel, Guillaume Vassout

HALLUCINANT !

La surface totale de ce nouvel espace de récupération est de 400 m².

Travail en salle pour les Bleus : gainage, renforcement musculaire et étirements.

EN VO

Le staff médical est à la disposition des joueurs et du staff technique 24 heures sur 24. Le médecin veille à l'équilibre des menus, à la récupération comme au décalage horaire lors des déplacements. Il est en dialogue permanent avec le sélectionneur.

1 ostéopathe
Jean-Yves Vandewalle

AH BON ?

Dix des trente chambres du Château sont meublées de deux lits simples. Les vingt autres sont toutes équipées d'un lit double.

26 caméras installées à Clairefontaine et directement reliées au serveur central. Ici, un cameraman filme l'entraînement.

DUR !

40 minutes : c'est la durée du montage vidéo exclusivement consacré aux… touches longues des Islandais avant le quart de finale de l'Euro 2016 (victoire 5-2 des Bleus).

MOTIVÉ !

La préparation d'un seul match demande entre 8 et 10 heures de travail au service audiovisuel pour répondre aux différentes demandes du staff (jeu, joueurs, adversaires, phases arrêtées…).

Avec les Bleus

Big Data !

Le service audiovisuel, qui existe depuis 1988, a pris une ampleur incroyable au fil des années. C'est l'outil de pointe le plus discret du Centre. Placé sous la responsabilité de Thierry Marszalek, qui est aussi l'analyste vidéo de l'Équipe de France, il s'agit à la fois d'un laboratoire de pointe et d'archives de mammouth ! Ici, tout est conservé. Plus de 12 000 matches au total et 500 de plus, en moyenne, s'y ajoutent chaque saison. Tous les joueurs internationaux (hommes et femmes) sont suivis de façon hebdomadaire.

Depuis six ans, une plateforme numérique permet même à chacun d'entre eux de recevoir son propre match agrémenté de toutes ses données personnelles (frappes, tacles, indice de performance…) directement sur sa boîte mail. La vidéo chez les Bleus est aussi un outil essentiel dans la préparation des matches. Chaque adversaire est ainsi scruté et disséqué au travers de multiples montages. C'est un travail de fourmi essentiel, sans oublier la « cellule d'analyse de la performance » : des gilets GPS portés par les joueurs aux entraînements permettent le suivi de leur performance en direct.

ZOOM EN CHIFFRES

120 tera
la capacité de stockage du serveur !

70 000 euros
le prix du serveur

50 000
le nombre de minutes de matches de l'Équipe de France conservé à Clairefontaine

Thierry Marszalek et Éric Dubray, technicien vidéo, *(de gauche à droite)* préparent la prochaine séance vidéo des Bleus.

HALLUCINANT !

À partir des sélections U16, tous les matches des Équipes de France sont filmés, les phases de qualification comme les phases finales.

LE **DÉTAIL** QUI TUE

Sur les 827 matches disputés par l'Équipe de France depuis le 1er mai 1904, plus de 550 sont archivés à Clairefontaine, et tous numérisés.

7 personnes au service audiovisuel. Chaque sélection, des U16 jusqu'aux A, a son analyste.

80 le nombre minimum de journées que chaque analyste vidéo passe en déplacement.

LA **CLASSE !**

En plus de l'archivage et du travail spécifique sur le jeu et les joueurs, des documentaires pédagogiques (sur les joueurs, les arbitres, les entraîneurs) sont régulièrement réalisés par le Centre.

Olivier Giroud, Anthony Martial, Benoît Costil et Hugo Lloris *(de gauche à droite)* en costume et prêts à partir pour le stade.

LE DÉTAIL QUI TUE

La veille du match, une conférence de presse précède toujours le dernier entraînement. Elle concerne le sélectionneur et un joueur, habituellement le capitaine.

AH BON?

L'avant-veille de la finale de la Coupe du monde 1998, les Bleus sont descendus à pied par l'arrière du Centre, pour rejoindre le Domaine de la Voisine et le fameux Château Ricard, juste de l'autre côté de la route. Aimé Jacquet voulait casser les habitudes.

Avec les Bleus

En mode compétition

Chaque minute compte lors d'un stage de l'Équipe de France. Mais la veille et le jour du match, c'est encore autre chose. D'abord, il y a la veille du match, J-1. Là, dans le grand hall du Château sonne le départ en milieu de matinée ; un à un, les joueurs libèrent leur chambre et remettent la clé à l'accueil. Une dernière fois, ils descendent le grand escalier puis montent dans le bus qui les attend, au pied du perron. La gendarmerie nationale est là aussi, c'est l'escorte officielle.

L'heure du départ arrive. Ils quittent Clairefontaine, direction l'aéroport (si le match a lieu en province ou à l'étranger), ou plus simplement l'hôtel qui les accueille, à proximité, quand ils jouent au Stade de France. Un dernier entraînement est toujours au programme la veille du match dans le stade de la rencontre précédé d'une dernière conférence de presse pour le sélectionneur et l'un de ses joueurs. Et il y a le jour J. Là, une balade d'oxygénation (en groupe) occupe la fin de matinée avant le déjeuner, la sieste et la collation. Puis c'est le départ pour le stade.

LES DIX DERNIERS SÉLECTIONNEURS DE L'ÉQUIPE DE FRANCE

Michel Hidalgo
(de 1976 à 1984)

Henri Michel
(de 1984 à 1988)

Michel Platini
(de 1988 à 1992)

Gérard Houllier
(de 1992 à 1993)

Aimé Jacquet
(de 1994 à 1998)

Roger Lemerre
(de 1998 à 2002)

Départ pour Marseille avant la demi-finale de l'Euro 2016 contre l'Allemagne

EN **VO**

Souvenir de champion du monde : « À Clairefontaine, nous étions chez nous, personne ne pouvait entrer. Nous étions protégés. Ce fut une force importante. Notre force. ». David Trezeguet *(71 sélections et 34 buts en Équipe de France).*

BIEN **DIT !**

« À Clairefontaine, on se sentait comme à la maison parce qu'on y a passé beaucoup de temps et qu'on y a vécu des choses incroyables. C'était un peu chez nous. » Zinédine Zidane *(108 sélections et 31 buts en Équipe de France)*

MARRANT !

André Bisson a été le chef cuisinier de l'Équipe de France pendant treize ans, de 1991 à 2004. Assez pour connaître parfaitement les goûts de chacun : « C'était de la sole pour Lizarazu, de la volaille pour Thuram et des pâtes pour Zidane. »

Jacques Santini
(de 2002 à 2004)

Raymond Domenech
(de 2004 à 2010)

Laurent Blanc
(de 2010 à 2012)

Didier Deschamps
(depuis 2012)

Fernand Sastre

Le visionnaire

- **président** de la FFF de 1972 à 1984
- sous sa présidence, le nombre de licenciés est passé de 800 000 à **1 700 000**.

«Monsieur Fernand», né à Kouba, en Algérie, en 1923, a été président de la FFF de 1972 à 1984. Il restera l'un des grands architectes du football français. C'est lui qui a modernisé de fond en comble l'Institution. Lui qui a été à l'origine de la charte du football, créée en 1973 avec l'UNFP, le syndicat des joueurs professionnels. Sous sa présidence, les Bleus remportent leur premier titre majeur en 1984 lors de l'Euro organisé en France, quelques semaines avant une médaille d'or olympique à Los Angeles.

Il est l'initiateur et le moteur de Clairefontaine, qui porte son nom. Mais Fernand Sastre, c'est aussi la Coupe du monde 1998, son but ultime. Co-président du Comité d'Organisation de France 98 avec Michel Platini, il ne voit malheureusement pas l'aboutissement de son œuvre. Au Stade de France, un siège reste vide aux côtés de Platini lors du match d'ouverture. Le cancer l'emporte le 13 juin 1998 et la France du foot le pleure un mois avant le grand soir du 12 juillet. Ce triomphe de l'Équipe de France est aussi le sien.

BIEN **DIT !**

«Je vais faire une comparaison peut-être audacieuse, je dirais qu'il est au football ce que le général De Gaulle a été à la France pendant une certaine période.» Guy Roux, *l'entraîneur de l'AJ Auxerre* pendant plus de quarante ans!

EN **VO**

«On le considérait un peu comme un père.» Jean Tigana (*52 sélections et champion d'Europe en 1984*)

CHRONO EXPRESS

1972 élu président de la FFF

1988 Quatre ans après y avoir planté un chêne, il inaugure le Centre de Clairefontaine.

12 juillet 1998 La France remporte «sa» Coupe du monde quelques jours après sa mort.

17 juillet 1998 Son nom est donné au Centre Technique National de Clairefontaine.

Michel Platini

«L'archange» Michel

- premier à remporter trois fois le **Ballon d'or** (1983, 1984, 1985)
- **50 matches** en tant que capitaine

AH BON?

Au cœur des années 1980, le milieu de terrain de l'Équipe de France était composé de Michel Platini, Luis Fernandez, Jean Tigana et Alain Giresse. Son surnom? «Le carré magique».

HALLUCINANT!

Michel Platini *(72 sélections, 41 buts)* est le meilleur buteur d'une phase finale de Championnat d'Europe. À l'Euro 1984, il a marqué 9 buts en 5 matches!

Numéro 10 de l'Équipe de France, Michel Platini, quatrième puis troisième des Coupes du monde 1982 et 1986, est toujours considéré comme l'un des meilleurs joueurs de l'histoire. Il est celui qui a soulevé le premier trophée international du foot français, le 27 juin 1984, quelques semaines après les premiers coups de bulldozer à Clairefontaine.

Il reviendra plus tard au CNF dans la peau du sélectionneur. Après avoir mis un terme à sa carrière à la Juventus Turin en 1987, riche d'un palmarès exceptionnel, il prend en main l'Équipe de France de l'automne 1988 à l'été 1992. Après un grand chelem en éliminatoires (8 victoires en 8 matches), l'Euro 92 en Suède se solde par une élimination au premier tour. Il deviendra par la suite co-président du Comité d'Organisation de la Coupe du monde 1998 aux côtés de Fernand Sastre, puis président de l'UEFA (Union des Associations Européennes de Football) le 26 janvier 2007. Réélu en mars 2011 puis en mars 2015, il est ensuite suspendu de toute activité dans le football pour une durée de 4 ans par le Tribunal arbitral du Sport.

MICHEL PLATINI ENTRAÎNEUR
(DE NOVEMBRE 1988 À JUIN 1992)

- **29** matches
- **16** victoires
- **8** nuls
- **5** défaites
- **19** matches sans défaite, un record

Rotterdam, 2 juillet 2000 :
Roger Lemerre porté en triomphe après la victoire contre l'Italie. Les Bleus sont champions d'Europe.

Roger Lemerre

Le fidèle serviteur

Joueur, il était défenseur, un poste où l'on joue souvent pour les autres, où la notion de sacrifice domine. Un travailleur de l'ombre plus qu'un artiste dans la lumière. C'est un peu réducteur mais terriblement symbolique du monsieur. Ancien international (six sélections) devenu entraîneur, Roger Lemerre intègre la Direction Technique Nationale en 1986, où il devient pendant douze ans le responsable de l'Équipe de France militaire, appelée alors le Bataillon de Joinville. Il sera sacré champion du monde en 1995 avec elle. En janvier 1998, il rejoint Aimé Jacquet qui étoffe son staff à l'approche de la Coupe du monde. Entraîneur adjoint, il devient aussi au fil du temps le confident des joueurs. Il prend le relais de Jacquet après le sacre du 12 juillet et pour mieux exorciser la pression, il trouve ces mots : « L'Équipe de France, un cadeau empoisonné? Non, un diamant reste un diamant! ». Champion d'Europe avec ces mêmes Bleus en 2000, il quittera son poste après la Coupe du monde 2002 en Corée du Sud et au Japon, après cinquante-trois matches à son poste et une élimination dès le premier tour.

AH BON?

À Sedan, il a évolué aux côtés de Zacharie Noah en défense. Il a noué une très forte relation d'amitié avec le père de Yannick.

SÉQUENCE ÉMOTION

Il a momentanément quitté le groupe France en plein milieu de l'Euro 2000, et pour cause : son père Maurice est décédé le soir du deuxième match contre la République Tchèque (victoire 2-1).

CHRONO EXPRESS

18 juin 1941
naissance à Bricquebec, dans la Manche

1961-1969
Il joue plus de 240 matches sous le maillot du CS Sedan-Ardennes.

2001
Un an après l'Euro, il remporte la Coupe des Confédérations avec l'Équipe de France. Il est fait Chevalier de la Légion d'honneur.

Entre 2007 et 2013, Corinne Diacre était déjà l'adjointe de Bruno Bini, le sélectionneur des Bleues.

Corinne Diacre

Profession sélectionneure

Pendant douze ans, elle a porté fièrement le maillot bleu de l'Équipe de France féminine dont elle était la capitaine emblématique. Avec 121 sélections (14 buts), elle a un temps détenu le record de sélections chez les filles. Mais, à l'instar de Didier Deschamps, on pouvait déceler en elle la fibre de l'entraîneur bien avant qu'elle ne raccroche les crampons. Devenue la première femme à obtenir le BEPF (Brevet d'entraîneur de football professionnel) en 2014, qui permet d'entraîner des clubs de Ligue 1 et de Ligue 2, elle répond favorablement à l'appel de Claude Michy, le président du Clermont Foot. La voilà à jamais la première femme entraîneure d'une équipe de foot professionnelle masculine en France. Après trois saisons pleines en Auvergne, elle revient à Clairefontaine par la grande porte : nommée sélectionneure de l'Équipe de France féminine par le président de la FFF, Noël Le Graët, elle vise la Coupe du monde 2019, organisée en France. « L'objectif, c'est de gagner la Coupe du monde. Je n'ai pas été embauchée pour aller en quarts ou en demi-finale… ».

RESPECT !

131, c'est le nombre de matches dirigés par Corinne Diacre à la tête de Clermont Foot : trois saisons de Ligue 2 avec au bilan final 48 victoires, 38 nuls et 45 défaites.

BIEN DIT !

« Si j'avais peur de jouer une Coupe du monde en France (du 7 juin au 7 juillet 2019), autant rester chez moi. Il faut se servir de la pression pour se transcender. »

CHRONO EXPRESS

- 4 août **1974** : naissance à Croix (Nord)
- 9 mars **1993** : 1re sélection en Équipe de France, à 18 ans
- 28 juin **2014** : 1re femme entraîneure d'un club professionnel français
- 30 août **2017** : nommée sélectionneure de l'Équipe de France féminine

- **53 matches** à la tête des Bleus
- **30** matches **sans défaite**
- **champion** du monde 1998

Aimé Jacquet

Sa vie pour une étoile

En janvier 1998, dans son bureau qui surplombait le terrain Michel Platini, Aimé Jacquet avait eu ces mots en regardant la pelouse, en contrebas. « Si nous allons au bout ? J'arrête. Je rentre au calme chez moi et je vais boire un verre avec des amis dans la montagne, en regardant passer les grosses bêtes. » Comme toujours, Aimé a fait ce qu'il a dit.

Champion du monde 1998 avec l'Équipe de France à la fin de sa carrière d'entraîneur, il est arrivé au chevet des Bleus en novembre 1993 avec, dès le premier jour, une idée fixe : la Coupe du monde 1998. Des choix forts, des choix d'hommes et une implication à l'extrême, telles ont été ses marques de fabrique. Si Clairefontaine est entré dans la mythologie collective, c'est aussi grâce à lui. Sur le chemin du retour, dans la nuit du dimanche 12 juillet 1998, après la finale gagnée (3-0) contre le Brésil, c'est lui qui a insisté pour rester sur le chemin principal malgré la foule incontrôlable et les heures passées dans le car pour faire les derniers mètres.

LE DÉTAIL QUI TUE

Avant de devenir entraîneur, Aimé Jacquet a lui aussi connu l'Équipe de France à deux reprises, contre l'Espagne et la RFA (ex-Allemagne de l'Ouest) en 1968. C'était avant Clairefontaine...

LA CLASSE !

3 titres de champion de France (1984, 1985 et 1987) et 2 Coupes de France (1986 et 1987) avec Bordeaux. Les Girondins ont connu leur âge d'or sous ses ordres !

CHRONO EXPRESS

- **1960** début de son parcours professionnel à l'AS Saint-Étienne
- **1976** début de sa carrière d'entraîneur à l'Olympique Lyonnais
- **1991** arrivée à la Direction Technique Nationale

Aimé Jacquet au milieu de ses joueurs, là où il se sentait le mieux.

EN **VO**

Ma Vie pour une étoile, son autobiographie, sera un des énormes succès de l'année 1999 en librairie avec plus de 250 000 exemplaires vendus.

DUR !

Entraîneur, il mène deux fois Bordeaux en demi-finale européenne ; contre la Juventus Turin de Platini en 1985 en Coupe des clubs champions, et contre le Lokomotiv Leipzig en Coupe des Coupes en 1987.

BIEN **DIT** !

« Il nous a appris l'exigence du très haut niveau, mais aussi l'efficacité dans la simplicité : ce qu'il y a de plus difficile à accrocher. C'est un homme vrai, voilà, un vrai homme vrai ! ». Youri Djorkaeff (*28 buts en 82 sélections, champion du monde 98*)

novembre 1993 - juillet 1998
sélectionneur de l'Équipe de France

1998-2006
directeur Technique National

- **28 janvier 1998 :** inauguration officielle du Stade de France
- **France-Espagne 1-0** grâce au but de Zinédine Zidane

Zinédine Zidane

D'un Z qui veut dire Zizou

Il avait marqué deux buts dès sa première sélection en bleu, en août 1994. Il en a marqué 31 au total avec l'Équipe de France en 108 sélections, mais on retient évidemment son doublé en finale de la Coupe du monde 1998 contre le Brésil. Dans l'intimité de Clairefontaine, Aimé Jacquet avait insisté : « Les Brésiliens ont des failles sur les coups de pied arrêtés. »

Ballon d'or en 1998, il en aurait mérité d'autres, surtout en 2000 où, au sommet de son art, il mena les Bleus au titre continental deux ans après le sacre mondial. Enfin, il est passé à deux doigts d'un incroyable doublé : gagner deux fois la Coupe du monde en réussissant deux... doublés au cours de deux finales différentes. Seul Pelé a réussi cet exploit. Il aurait pu, mais l'un des derniers ballons de sa vie de footballeur sera repoussé par le gardien italien Gianluigi Buffon en finale de la Coupe du monde 2006 à Berlin. Nommé entraîneur du Real Madrid en janvier 2016, il empile les titres. Gagner, c'est sa vie, et France-Brésil 2006 (quarts de finale du Mondial) son chef-d'œuvre.

HALLUCINANT !

Le but de Thierry Henry contre le Brésil en quarts de finale de la Coupe du monde 2006 (1-0) est la seule passe décisive de Zidane pour « Titi » en Équipe de France !

LE DÉTAIL QUI TUE

Son père Smaïl n'a pas vu ses deux buts en finale le 12 juillet 1998. Il berçait son petit-fils, Luca, dans le jardin. « Il y avait trop de bruit dans le salon ! »

CHRONO EXPRESS

- **20 mai 1989** : 1er match de Division 1 Nantes-Cannes 1-1
- **17 août 1994** : 1re sélection France-République tchèque 2-2
- **17 août 1994** : 1ers buts en sélection
- **12 juillet 1998** : doublé en finale de la Coupe du monde France-Brésil 3-0
- **9 juillet 2006** : dernier match en pro Italie-France finale de la Coupe du monde

Réveil musculaire pour Lilian Thuram, à Clairefontaine

Lilian Thuram

«Thu-Thu» pour les intimes

Le natif d'Anse-Bertrand (en Guadeloupe) a été formé à l'AS Monaco, où l'entraîneur Arsène Wenger l'a lancé alors qu'il n'avait pas encore 20 ans. Sa progression fulgurante le mène très vite en sélection Espoirs, où il évolue à Clairefontaine aux côtés de Zinédine Zidane et Christophe Dugarry notamment. Champion du monde en 1998 après avoir réussi un doublé aussi improbable qu'inattendu contre la Croatie en demi-finale, il enchaîne avec le titre européen en 2000. Après une parenthèse, il revient en Équipe de France en même temps que Zizou et Claude Makelele à l'été 2005. Sur une jambe, il dispute le décisif Irlande-France (victoire 1-0, but de Thierry Henry) au stade Lansdowne Road de Dublin qualificatif pour la Coupe du monde 2006 alors que trois jours plus tôt, il marchait avec des béquilles à Clairefontaine! Avec 142 sélections, «Thu-Thu» (en référence au trompettiste américain Miles Davis, dont il est fan) est le joueur le plus capé de l'histoire de l'Équipe de France.

HALLUCINANT !

Ses deux buts inscrits au Stade de France contre la Croatie en demi-finale de la Coupe du monde 1998 sont ses deux seuls marqués en Équipe de France, en 142 sélections...

RESPECT !

Avec 16 matches et 1422 minutes jouées, Lilian Thuram est le seul joueur français qui a disputé quatre Championnats d'Europe consécutifs : 1996, 2000, 2004 et 2008.

CHRONO EXPRESS

- **1998** : devient Chevalier de la Légion d'honneur
- **novembre 1998** : nommé au Haut Conseil à l'intégration
- **décembre 2008** : élu membre du Conseil fédéral de la FFF (il démissionne en décembre 2010)
- **2008** : création de la Fondation Lilian Thuram-Éducation

En Équipe de France, c'est :

- **11 matches** de Championnat d'Europe
- **17 matches** de Coupe du monde

Thierry Henry

Le Canonnier made in INF

Né aux Ulis, Thierry Henry a déjà écumé les terrains de l'Essonne quand il passe les tests de sélection à Clairefontaine. Avec Jérôme Rothen et William Gallas, il fait partie des vingt-quatre sélectionnés sur les 800 candidats cette année-là. C'est le début d'une folle aventure. Repéré par l'AS Monaco, il devient champion de France à 19 ans puis découvre l'Équipe de France quelques mois plus tard, à Lens en octobre 1997. La suite? Il devient champion du monde à 20 ans et 11 mois, et champion d'Europe en 2000...

Meilleur réalisateur de l'histoire de l'Équipe de France avec 51 buts en 123 sélections, c'est un pur produit de l'INF qui a détrôné l'ancien roi des buteurs tricolores, Michel Platini, en 2007. Thierry est devenu «Titi», un phénomène : quatre fois meilleur buteur du Championnat d'Angleterre, auteur de 228 buts sous le maillot d'Arsenal (en 377 matches, meilleur buteur de l'histoire du club) et fer de lance des «Invincibles» *Gunners* d'Arsène Wenger devenus champions d'Angleterre sans perdre un seul match de toute la saison, en 2003-2004!

RESPECT !

Thierry Henry est le seul joueur français à avoir disputé quatre phases finales de Coupe du monde.

QUEL TALENT !

Avec Nicolas Anelka, David Trezeguet et William Gallas, il a aussi remporté le Championnat d'Europe Juniors en 1996 avec la France, au terme d'une victoire 1-0 contre l'Espagne en finale et un but... de Thierry Henry bien sûr!

ZOOM

SES CHIFFRES FOUS

- **51** buts en Équipe de France
- **174** buts en Championnat d'Angleterre
- **20** trophées remportés
- **411** buts en 917 matches toutes compétitions confondues

Le 17e sélectionneur de l'histoire de l'Équipe de France

Didier Deschamps

Le patron

« DD, la culture de la gagne. » La petite phrase colle souvent à ses initiales. Capitaine emblématique de l'Équipe de France championne du monde en 1998 et d'Europe en 2000, il était partout le relais privilégié de ses entraîneurs. Il a tout gagné en tant que joueur, avec les Bleus comme avec ses clubs : 1 Coupe Intercontinentale, 1 Supercoupe d'Europe, 2 Ligues des champions... 13 titres au total ! À peine a-t-il raccroché les crampons en 2001 qu'il plonge déjà de l'autre côté du vestiaire. Il débute sa nouvelle vie à Monaco, qu'il mène jusqu'en finale de la Ligue des champions en 2004. La suite est un pèlerinage, à la Juventus Turin et à Marseille. L'OM, qui n'avait plus gagné de titre depuis 1993 (c'est lui qui avait soulevé la Ligue des champions), remporte la Coupe de la Ligue et redevient champion de France en 2010. DD remporte six trophées en trois saisons à l'OM, avant de succéder à Laurent Blanc à la tête de l'Équipe de France en 2012. Après avoir mené les Bleus jusqu'en finale de l'Euro 2016, il a prolongé jusqu'en 2020 avec toujours la même idée fixe en tête : gagner.

LA CLASSE !

Avec 103 sélections (4 buts), Didier Deschamps est le sixième joueur le plus capé de l'histoire en Équipe de France. Il a porté le brassard à 51 reprises.

RESPECT !

45 matches gagnés à la tête des Bleus : DD a terminé l'année 2017 en devenant le sélectionneur de l'Équipe de France avec le plus grand nombre de victoires.

SÉLECTIONNEURS LES PLUS CAPÉS

Aimé Jacquet	Roger Lemerre	Raymond Domenech	Michel Hidalgo	Didier Deschamps
53 matches (34 victoires, 16 nuls, 3 défaites)	53 matches (34 victoires, 11 nuls, 8 défaites)	79 matches (41 victoires, 24 nuls, 14 défaites)	75 matches (41 victoires, 16 nuls, 18 défaites)	81 matches (série en cours ; 51 victoires, 15 nuls, 15 défaites)

Kylian Mbappé est sélectionné pour la première fois en Équipe de France le 25 mars 2017, contre le Luxembourg.

Kylian Mbappé

Le foot en mode accéléré

Génération 1998, promotion INF 2013, il est le deuxième joueur le plus cher du monde et le joueur français le plus cher de l'histoire depuis l'été 2017 (avec son transfert record de l'AS Monaco au Paris Saint-Germain, quelques semaines après celui du Brésilien Neymar). Le petit Kylian est devenu Mbappé, le phénomène du football mondial. À seulement dix-huit ans. Kylian Mbappé, le dernier pur produit de Clairefontaine sélectionné en Équipe de France (25 mars 2017)...

C'est là, entre les murs de l'INF, que le petit Kylian de Bondy a fait ses premières classes. De là qu'il est parti, alors qu'il était en deuxième année, visiter les installations du Real Madrid, et qu'il est revenu avec des photos plein la tête et dans le téléphone, dont une avec son idole, le Portugais Cristiano Ronaldo. C'est là qu'il revient à chaque rassemblement de l'Équipe de France depuis. Champion d'Europe avec les U19 en 2016, il a désormais changé de dimension.

HALLUCINANT !

15 buts et 8 passes décisives, c'est son bilan en 23 titularisations de Ligue 1 lors de la saison 2016-2017. Impressionnant !

BIEN DIT !

« Pour 90 % des joueurs, leur carrière dépend de leur choix de club. Kylian fait partie des 10 % restants : tous ses choix sont bons. Il peut signer où il veut. » Arsène Wenger

PLUS JEUNES JOUEURS À AVOIR MARQUÉ 8 BUTS EN LIGUE DES CHAMPIONS

- 18 ans et 9 mois — Kylian Mbappé (France)
- 20 ans et 3 mois — Raul (Espagne)
- 20 ans et 3 mois — Obafemi Martins (Nigeria)
- 20 ans et 5 mois — Patrick Kluivert (Pays-Bas)
- 20 ans et 5 mois — Lionel Messi (Argentine)

Marinette Pichon

La pionnière

- **81** buts marqués en **112** sélections
- **meilleure buteure** de l'histoire de l'Équipe de France, hommes et femmes confondus

Première star du football féminin en France, elle a grandement participé à son essor au cours des années 1990 et 2000. Elle intègre l'Équipe de France en 1994, où elle devient vite le leader de l'attaque. Avec les Bleues, l'histoire s'étire jusqu'en septembre 2006 (112 sélections, 81 buts – le record).

Mais c'est de l'autre côté de l'Atlantique qu'elle marque les esprits quand, en 2002, elle devient la toute première joueuse française à rejoindre la ligue nord-américaine, le championnat le plus réputé du monde chez les femmes. D'abord aux *Philadelphie Chargers* puis quelques mois aux *Wildcats* du New Jersey, où elle s'offre le titre de la Conférence Est. Elle termine sa carrière au Juvisy FCF, club avec lequel elle remporte le Championnat de France en 2006 et dont elle deviendra plus tard directrice générale. Consultante depuis la fin de sa carrière, elle n'a de cesse de promouvoir le foot au féminin. C'est une voix qui compte.

LA CLASSE !

En rejoignant Philadelphie, elle est devenue la première joueuse française à signer un contrat professionnel aux États-Unis.

HALLUCINANT !

Avec le Juvisy FCF, Marinette termine le championnat 2005 meilleure buteure avec un nombre record de buts : 38 !

CHRONO EXPRESS

1997/2001/2005
3 phases finales de Championnat d'Europe disputées

2003
Coupe du monde aux États-Unis
3 matches/2 buts

30/09/2006
dernière sélection
France-Angleterre 1-1

- **meilleur joueur** et **meilleur buteur** de l'Euro 2016 (6 buts)
- **premier Français** à terminer en tête de ce classement depuis Michel Platini en 1984 (9 buts)

Antoine Griezmann

Le petit Prince

«Grizzy», ou «Grizou» figure dans le Top 10 des personnalités préférées des Français. Même s'il n'a pas fait ses classes à l'INF, le Centre de Clairefontaine n'a plus aucun secret pour lui : c'est un habitué des sélections depuis mars 2010, quand il a été convoqué par Francis Smerecki (le sélectionneur des U19 de l'époque) et qu'il a débuté avec les petits Bleus, vingt jours avant ses 20 ans!

Il ne quitte plus le maillot tricolore depuis, enchaînant notamment trois saisons sans prendre de vacances avec un Euro U19 en France, en 2010 (vainqueur), et un Championnat du monde U20 en 2011, en Colombie. Mais c'est en 2014 que sa carrière va vraiment décoller. Sélectionné par Didier Deschamps, en mars, à quelques semaines de la Coupe du monde au Brésil, il s'impose d'entrée dans la ligne offensive des Bleus. Quart de finaliste au Mondial 2014, il sera élu meilleur joueur de l'Euro 2016 (qu'il termine meilleur buteur) après avoir été désigné meilleur joueur de la Liga espagnole. Il joue maintenant à l'Atletico Madrid.

LE DÉTAIL QUI TUE

Antoine joue toujours avec des manches longues et porte le numéro 7 pour imiter David Beckham, son idole!

MARRANT !

En 2016, il a inscrit contre la République d'Irlande le doublé le plus rapide (4 minutes) des Bleus à l'Euro, après ceux de Platini (contre la Yougoslavie à l'Euro 1984) et de Zidane (contre l'Angleterre à l'Euro 2004).

CHRONO EXPRESS

- juin **2010** : champion de D2 espagnole
- 17-30 juillet **2010** : champion d'Europe avec les U19
- 17-20 août **2011** : 4e de la Coupe du monde U20 en Colombie
- 5 mars **2014** : 1re sélection en Équipe de France A France-Pays-Bas 2-0

Sandrine Soubeyrand

La recordwoman

Son meilleur souvenir : France-Angleterre en 2003 à Saint-Étienne (barrage retour Coupe du monde, victoire 1-0, but de Corinne Diacre). 23 000 spectateurs à Geoffroy-Guichard !

Et le curseur s'est arrêté à 198… L'ancienne milieu de terrain emblématique du Juvisy FCF détient le record absolu du nombre de sélections en Équipe de France, hommes et femmes confondus. Loin, très loin devant les 142 de Lilian Thuram, le plus capé chez les hommes, qu'elle a dépassé en octobre 2009. Et dire que le déclic a eu lieu le jour de sa… deuxième sélection ! Sur le sol américain, la terre où le foot féminin était roi, déjà. « Nous sommes parties en tournée aux États-Unis et ce fut vraiment un choc. C'est à partir de ce moment-là que j'ai réalisé que je voulais devenir une joueuse de haut niveau. Elles étaient vraiment impressionnantes. Je me suis inspirée de leur jeu. » C'était en avril 1997.

Tour à tour pièce maîtresse, régulatrice du jeu, moteur, leader ou capitaine, Sandrine Soubeyrand restera pendant seize ans une actrice majeure de la progression des Bleues. Elle guide aujourd'hui les filles des sélections nationales de jeunes. Une grande dame du Château.

RESPECT !

Au fil de son interminable carrière, elle aura participé à cinq phases finales de Championnat d'Europe : 1997, 2001, 2005, 2009 et 2013.

LA CLASSE !

Le 29 janvier 2013, la ministre des sports Valérie Fourneyron lui a remis l'insigne de Chevalier de l'ordre national du Mérite.

CHRONO EXPRESS

- **16 juillet 2001** — 4e de la Coupe du monde en Allemagne
- **9 août 2012** — 4e des Jeux Olympiques de Londres
- **août 2014** — sélectionneure de l'Équipe de France féminine U17

3 fois élue dans le Top 10 des **meilleures joueuses UEFA** : 6e en 2015, 9e en 2016, 5e en 2017

Eugénie Le Sommer

Le but dans la peau

Considérée comme l'une des meilleures joueuses du monde, elle est l'une des figures de proue de l'Équipe de France féminine depuis de nombreuses saisons maintenant. Née à Grasse, elle est passée par Clairefontaine. C'était en 2005, au CNFE (le pôle féminin), et elle n'a pas oublié : « Je n'y ai passé qu'un an, mais il m'arrivait de côtoyer les joueurs de l'Équipe de France. Zinédine Zidane était encore là, j'ai réussi à prendre une photo avec lui. » Devenue professionnelle, elle est, à 20 ans, la capitaine du Stade Briochin quand elle est élue meilleure joueuse du Championnat de France en 2010, saison qu'elle termine meilleure buteure avec 19 buts en 22 matches. Mais c'est à Lyon, où elle signe en 2010, qu'elle prend sa vraie dimension de joueuse internationale. Titulaire indiscutable dans la « dream-team » de l'OL, elle enchaîne les buts et empile les titres depuis. Sept Championnats de France (2011, 2012, 2013, 2014, 2015, 2016 et 2017) et surtout 4 Ligues des champions (2011, 2012, 2016 et 2017).

HALLUCINANT !

Déjà trois triplés Ligue des champions-Coupe de France-Championnat de France pour Eugénie à l'OL (2012, 2016, 2017).

SYMPA !

Ses 66 buts marqués avec les Bleues en font la deuxième meilleure buteure de l'histoire de l'Équipe de France. Elle compte bien dépasser le record de Marinette Pichon (81 buts).

CHRONO EXPRESS

- 2 fois élue meilleure joueuse aux Trophées UNFP en 2010 et 2015
- 3 fois meilleure buteure du Championnat de France en 2010, 2012 et 2017
- meilleure buteure de la Ligue des champions en 2012

- le 2 juin 2017 (France-Paraguay 5-0) : **88e sélection**
- **nouveau record** du nombre de matches joués par un gardien de but en Équipe de France

Hugo Lloris

Le gardien du temple

Il s'est révélé à Nice, où il est né, avec une maturité incroyable, surtout pour un gardien de but. Plongé dans le grand bain de la Ligue 1 à 19 ans avec l'OGCN, il s'est imposé à un âge où, normalement, à son poste, les doigts ont du mal à toucher le bout des gants. Mais lui, c'est tout le contraire. Longtemps considéré comme le successeur désigné de Fabien Barthez en Équipe de France, il défend pendant quatre saisons les buts de l'OL avant de signer chez les *Spurs* de Tottenham, en Angleterre, où il est aujourd'hui le «cap'tain».

Il a su, au fil du temps, s'imposer dans sa surface de réparation comme dans le vestiaire. Avec l'Équipe de France, il s'est installé dans le but après l'Euro 2008 et n'en bouge plus depuis. Il n'est pas la voix la plus forte, mais une de celles qui comptent le plus dans le groupe France. La barre des 100 sélections est franchie en Russie, sa troisième Coupe du monde (2010, 2014, 2018).

MARRANT !

Hugo ne compte qu'une seule sélection avec les Espoirs. C'était en octobre 2008 contre l'Allemagne de Manuel Neuer.

LA STAR

Hugo est le joueur qui compte le plus de capitanats (72) en Équipe de France. Il a dépassé Didier Deschamps lors du 1/8e de finale de l'Euro 2016 contre l'Eire.

TOP 4 DES CAPITAINES EN ÉQUIPE DE FRANCE

Hugo Lloris	Didier Deschamps	Michel Platini	Marcel Desailly
78 fois en 102 sélections (série en cours)	54 fois en 103 sélections (de 1989 à 2000)	50 fois en 72 sélections (de 1976 à 1987)	49 fois en 116 sélections (de 1993 à 2004)

- né le 15 mars 1993
- élu **meilleur jeune joueur** de la Coupe du monde au Brésil à 21 ans et 4 mois

Paul Pogba

Taille patron

Encore un joueur pour qui le CNF n'a plus aucun secret. Depuis qu'il a 16 ans, Paul, formé au Havre AC, est en sélection et il est capitaine, ou c'est tout comme. De la résidence Espoirs jusqu'au Château, il connaît tous les bâtiments du Centre par cœur. Très tôt propulsé sur le devant de la scène, il n'a pas eu le choix. Il était déjà très grand, avec du tempérament et... très fort techniquement!

Capitaine des Bleus pendant l'Euro des moins de 19 ans en 2012, il relève ses camarades quand ils s'inclinent lors de la séance des tirs au but en demi-finale, contre l'Espagne. Il tient sa revanche l'année d'après et soulève son premier trophée. Champion du monde U20 en Turquie, le 13 juillet 2013, aux côtés de Florian Thauvin, Lucas Digne et Alphonse Aréola notamment, Paul est élu meilleur joueur du tournoi. Il avait entre temps posé ses crampons chez les A. Sélectionné par Deschamps en mars 2013 (France-Géorgie, 3-1), il a été pour sa grande première chez les Bleus le joueur qui a touché le plus de ballons!

AH BON?

Le 9 août 2016, il devient le premier joueur de l'histoire à plus de 100M€ en signant à Manchester United en provenance de la Juventus Turin (105M€ hors bonus).

LE POTIN

Dans la famille Pogba, je voudrais... Florentin et Mathias : ses deux frères aînés sont aussi footballeurs professionnels, et même internationaux guinéens.

DÉJÀ 107 SÉLECTIONS À 24 ANS!

- des U16 jusqu'aux U19 : **45** sélections
- U20 : **13** sélections
- A : **51** sélections

- **1re sélection** le 7/09/2010
- **victoire (2-0)** en Bosnie-Herzégovine

Blaise Matuidi

Un cœur gros comme ça

Il est l'un des onze joueurs formés à l'INF qui sont entrés au Château plus tard pour intégrer les A. Inlassable milieu de terrain, il fait partie de cette race de joueurs infatigables, tant dans le domaine défensif que dans la projection vers l'avant.

Mais c'est surtout son incroyable capacité à enchaîner les courses qui le caractérise le mieux. Lors de la Coupe du monde 2014 au Brésil, Didier Deschamps a eu ces mots pour expliquer le retard de Blaise lors d'une conférence de presse d'un lendemain de match : « C'est parce qu'il est rentré en courant dans la nuit. » Éclat de rire général et bel hommage d'un coach à l'égard de son joueur. Jean-Marc Furlan, qui l'a lancé à Troyes (où il avait signé en sortant de Clairefontaine), a dit de lui aussi : « Il était déjà très mature, que ce soit sur le plan intellectuel ou tactique. Un entraîneur ne peut connaître que trois ou quatre joueurs de la qualité d'un Blaise Matuidi dans une carrière. »

HALLUCINANT !

Arrivé au Paris Saint-Germain en 2011, au tout début du projet QSI (Qatar Sports Investment), Blaise a accumulé... 16 titres dans la capitale !

LA CLASSE !

Il est le deuxième joueur de champ le plus utilisé par Didier Deschamps en Équipe de France depuis 2012 : 66 sélections (sur 70) et 4705 minutes jouées !

SES CLUBS
APRÈS L'INF CLAIREFOINTAINE

- 2003/2007 : ESTAC Troyes
- 2007/2011 : AS Saint-Étienne
- 2011/2017 : Paris SG
- depuis 2017 : Juventus Turin (Ita.)

• **Emmanuel Petit** (devant le Brésilien Cafu) buteur en finale de la Coupe du monde 1998

12 juillet 1998

Nuit magique au fond des bois

Il y a des dates qui changent tout. Le 12 juillet 1998, Clairefontaine « entre dans la mythologie collective », comme le dit si joliment Philippe Tournon, le chef de presse historique de l'Équipe de France (de 1983 à 2004, et de retour en 2010).

Dix ans après son inauguration, le CNF a été transformé en camp de base pour la Coupe du monde. Depuis près de deux mois, l'écrin dans les bois était devenu le QG, le repaire et même le « couvent », selon Bixente Lizarazu, la bulle des Bleus. Mais ce 12 juillet, l'écrin s'embrase. José Alegria, le chauffeur de l'Équipe de France pendant la Coupe du monde, n'oubliera jamais. « Le jour de la finale, les joueurs étaient étonnamment calmes dans le car. Déjà très concentrés. Ça tranchait avec la folie qu'il y avait dehors. Dès qu'on a quitté le Château, il y avait du monde partout. À chaque rond-point, c'était dingue. » Mais ça, c'était avant le retour au Centre, la Coupe du monde bien installée au premier rang dans le car. Les Bleus sont champions du monde en battant le Brésil 3-0.

LE DÉTAIL QUI TUE

Dernier buteur en finale contre le Brésil, Emmanuel Petit a inscrit là le 1000e but de l'histoire des Bleus.

LA CLASSE !

Quinze arbres ont été plantés à Clairefontaine après la Coupe du monde. Ils symbolisent les quinze buts marqués par les Bleus au cours de l'épopée victorieuse de 1998.

LES 22 CHAMPIONS DU MONDE

Fabien Barthez (gardien)
Lionel Charbonnier (gardien)
Bernard Lama (gardien)

Laurent Blanc (défenseur)
Vincent Candela (défenseur)
Marcel Desailly (défenseur)

Le 12 juillet 1998 à Saint Denis, au Stade de France, les Bleus sont champions du monde.

LA HAINE !

Dans la folie furieuse qui entoura le retour à Clairefontaine, la soute du car des Bleus a été ouverte et le sac de Stéphane Guivarc'h volé. Il avait gardé sa médaille de champion du monde autour du cou, mais il a perdu son maillot de la finale dans l'affaire.

MOTIVÉ !

Le matin de la finale, le staff a bousculé les habitudes et programmé... un entraînement ! Pour travailler les coups de pied arrêtés, car Aimé Jacquet avait repéré des failles chez les Brésiliens...

LUCARNE

Le terrain Michel Platini dans le calme et le silence. C'est là que les Bleus ont préparé une dernière fois la finale de la Coupe du monde, le dimanche 12 juillet au matin. « Une séance d'une qualité incroyable », dira Aimé Jacquet.

Franck Leboeuf (défenseur)
Bixente Lizarazu (défenseur)
Lilian Thuram (défenseur)
Alain Boghossian (milieu)
Didier Deschamps (milieu)

suite pp. 62-63

À Clairefontaine, réplique géante de la Coupe du monde sculptée à l'origine par l'Italien Silvio Gazzaniga, qui représente deux footballeurs soulevant la Terre

12 juillet 1998

Plus rien ne sera comme avant !

La cinquième dimension pour une première étoile... Ce 12 juillet 1998, la France, qui organise la Coupe du monde, bascule dans la folie douce, les Bleus deviennent des héros. Déjà, avant de plonger dans une nuit magique, la journée avait été particulière. L'encadrement de l'Équipe de France avait pris un quart d'heure de marge sur l'horaire prévu pour arriver au stade 1h30 avant le coup d'envoi. Ils ont mis une demi-heure pour quitter le Centre, ce qui a valu quelques sueurs froides imprévues à Aimé Jacquet, persuadé qu'ils n'arriveraient jamais à l'heure ! Le bus qui n'avance pas et un hélicoptère, planté au-dessus, qui filme l'intégralité du parcours. Des banderoles, la foule et dès l'entrée sur l'autoroute, du bleu-blanc-rouge partout. Mais dans le bus, un silence de cathédrale ! Personne ne parlait, comme si chacun était déjà dans son match, en mission. Le retour sera plus bruyant. Plus d'une heure pour monter le petit chemin qui mène au Centre. Le car des Bleus est presque immobilisé au milieu d'une marée humaine, certains supporters étaient même perchés dans les arbres ! Le sentier de la gloire.

MARRANT !

À 5 heures du matin, cette nuit-là, Aimé Jacquet part se coucher au bras de sa femme et... avec la Coupe du monde !

LE DÉTAIL QUI TUE

José Alegria, le chauffeur des Bleus en 1998, conduisait déjà le bus de l'Inter Milan deux mois plus tôt quand l'Inter Milan de Ronaldo et Youri Djorkaeff a remporté la Coupe de l'UEFA au Parc des Princes.

LES 22 CHAMPIONS DU MONDE (SUITE)

Bernard Diomède (milieu)
Christian Karembeu (milieu)
Emmanuel Petit (milieu)
Robert Pirès (milieu)
Patrick Vieira (milieu)
Zinédine Zidane (milieu)

Zinédine Zidane, deux fois buteur en finale, brandit la Coupe.

SYMPA !

La nuit du 12 juillet 1998 reste la plus exaltante du Centre et la plus... claire ! Avec tous les spots des hélicoptères, on y voyait comme en plein jour devant le Château !

HALLUCINANT !

Au retour du Stade de France sur le périphérique, les gens sortaient des voitures, jouaient au ballon et sautaient aux vitres du car des Bleus !

Youri Djorkaeff (attaquant)
Christophe Dugarry (attaquant)
Stéphane Guivarc'h (attaquant)
Thierry Henry (attaquant)
David Trezeguet (attaquant)

RESPECT !

Avant la finale, le staff affichait à-même les murs les centaines de fax d'encouragements qui s'amoncelaient à Clairefontaine, mais... il n'y a pas eu assez de murs.

- **David Trezeguet**, le funambule
- volée magique et **but en or**
- **La France bat l'Italie** en finale de l'Euro 2000.

2 juillet 2000

Trezeguet, un buteur en or

Le parcours qualificatif vers le Championnat d'Europe 2000 ne sera pas de tout repos pour les champions du monde. Les Bleus doivent attendre la dernière journée et un but décisif de David Trezeguet contre l'Islande pour valider leur billet. Première phase finale organisée conjointement par deux pays, l'Euro 2000 se déroule en Belgique et aux Pays-Bas. L'Équipe de France établit ses quartiers à Wavre, au sud de Bruxelles, qui se transforme très vite en village des supporters. Il le restera jusqu'au bout.

Irrésistibles jusqu'en finale, les hommes de Roger Lemerre butent sur l'Italie dans la «cuvette de Rotterdam» (stade de Kuip) jusqu'à la 94e minute, quand Sylvain Wiltord égalise au bout du temps additionnel et fait se rasseoir sur le banc les Italiens, qui fêtaient déjà leur titre. La prolongation est un supplice pour eux et Robert Pirès, rentré à la place de Bixente Lizarazu, dépose Cannavaro côté gauche. David Trezeguet réinvente alors la notion d'équilibre en mouvement. Demi-volée de rêve, 2-1 et nouveaux frissons en or. Deux ans après 98, les Bleus sont champions d'Europe!

BIEN DIT !

«Les Italiens nous l'avaient vraiment fait à l'italienne. Mais on les a battus à l'allemande.»
Bixente Lizarazu

LA CLASSE !

L'Équipe de France est devenue ce 2 juillet 2000 la première équipe à réussir dans cet ordre le doublé Coupe du monde-Championnat d'Europe.

ZOOM EN CHIFFRES

1
Zinédine Zidane a été élu meilleur joueur du tournoi.

3
Thierry Henry a été élu 3 fois homme du match contre le Danemark, la République Tchèque et l'Italie en finale.

6 Français figurent dans l'équipe-type du tournoi établie par l'UEFA : Barthez, Blanc, Desailly, Vieira, Zidane et Henry.

Wiltord, Lizarazu, Pirès et Vieira *(de gauche à droite)* tout sourire sur la pelouse, et autour du trophée

MOTIVÉ !

Une semaine avant la finale et son but en or contre l'Italie, David Trezeguet avait signé son nouveau contrat et son départ de l'AS Monaco vers... la Juventus Turin.

MARRANT !

Après la remise de la Coupe, plusieurs joueurs sont restés assis sur la pelouse, en rond autour du trophée Henri Delaunay. Ils ne voulaient pas rentrer, mais juste profiter de leur victoire.

13 buts marqués : la France termine meilleure attaque de l'Euro 2000.

18 champions d'Europe 2000 sont aussi champions du monde 98. Les petits nouveaux sont Ramé, Micoud, Wiltord et Anelka.

AH BON ?

Pour la deuxième fois consécutive, le sort de l'Euro se joue grâce au but en or (la première équipe qui marque en prolongation a gagné). L'Allemand Oliver Bierhoff a été décisif en 1996, David Trezeguet l'est en 2000.

- **Marcel Desailly**, 116 sélections
- **champion du monde** 1998
- **champion d'Europe** 2000
- **vainqueur** de la Coupe des Confédérations 2001 et 2003

DUR !

Frédéric Née, Nicolas Gillet et Zoumana Camara ont tous les trois honoré leur seule sélection en Équipe de France contre l'Australie, lors de la Coupe des Confédérations 2001.

QUEL TALENT !

En 2001, Robert Pirès a été élu meilleur joueur de la compétition et cinq joueurs français ont figuré dans l'équipe-type du tournoi !

Coupes des Confédérations 2001 et 2003

L'Équipe de France remporte deux fois de suite la Coupe des Confédérations en 2001 et en 2003. Malgré l'absence de Barthez, Petit, Thuram, Henry, Trezeguet et Zidane, les Bleus de Roger Lemerre gagnent en 2001 en Asie (Corée du Sud et Japon) ; avec un début parfait face à la Corée du Sud (victoire 5-0) et une fin en boulet de canon avec deux victoires, face au Brésil (2-1) en demi-finale, puis face au Japon (1-0) en finale.

En 2003, les Bleus remportent de nouveau la compétition, cette fois « à la maison » en battant en finale le Cameroun au Stade de France (1-0). Mais quelques jours plus tôt, Marc-Vivien Foé, le Lion indomptable du Cameroun, est décédé sur la pelouse de Gerland à Lyon, terrassé par un arrêt cardiaque.

Les Bleus sont sacrés vainqueurs mais, en hommage au joueur camerounais disparu, ce sont les deux capitaines, Marcel Desailly et Rigobert Song, qui soulèvent ensemble le trophée.

ZOOM EN CHIFFRES

3 stades français ont accueilli la Coupe des Confédérations en 2003 : le Stade de France (Saint-Denis), Gerland (Lyon) et Geoffroy-Guichard (Saint-Étienne).

5
le nombre de buts marqués (dont celui de la finale) par Thierry Henry, meilleur buteur de l'édition 2003

Les deux capitaines, Rigobert Song et Marcel Desailly, brandissent ensemble le trophée de la Coupe des Confédérations 2003.

AH **BON?**

Patrick Vieira *(107 sélections)* et Steve Marlet *(23 sélections)* ont inscrit leur premier but en Bleus contre la Corée du Sud en 2001.

LA **CLASSE!**

En 1985, l'Équipe de France championne d'Europe emmenée par Michel Platini avait remporté la Coupe intercontinentale des nations (l'ancêtre de la Coupe des Confédérations) en battant l'Uruguay, champion d'Amérique du Sud. Une victoire 2-0 au Parc des Princes grâce à deux buts de Dominique Rocheteau et José Touré.

LE **DÉTAIL** QUI TUE

Trois ans après la finale de la Coupe du monde 1998, l'Équipe de France bat une nouvelle fois le Brésil (2-1) en demi-finale de la Coupe des Confédérations 2001, en Corée du Sud. Robert Pirès et Marcel Desailly sont les buteurs de cette deuxième victoire consécutive face à la *Seleçao*.

12
le nombre de buts marqués par les Bleus en 2003, la meilleure attaque de la compétition

491 700
le nombre total de spectateurs en 2003 (30 731 par match)

Zidane vient de réaliser une «Panenka», en finale de la Coupe du monde 2006.

Coupe du monde 2006

La finale

Le 9 juillet à Berlin, les Bleus sont dans le parc olympique géantissime avec leur sélectionneur Raymond Domenech pour France-Italie, la finale de la Coupe du monde. Zinédine Zidane dispute le dernier match de sa carrière et pour ouvrir les débats, le capitaine des Bleus se présente face à Gianluigi Buffon dès la 7e minute. Pénalty pour la France. Zizou tente une «Panenka». Un petit ballon piqué qui rentre après avoir heurté la transversale. Ouf. Les Bleus ont eu chaud, mais ils sont devant au tableau d'affichage.

Les Italiens égaliseront sur corner et la finale se décidera aux tirs au but, mais sans Zidane, expulsé par l'arbitre après son coup de tête dans le torse de Materazzi. Et c'est David Trezeguet, le buteur providentiel de 2000, qui manque sa tentative face à son coéquipier à la Juventus Turin, Gianluigi Buffon. L'Italie remporte (5 tirs au but à 4) sa quatrième Coupe du monde, après celles de 1934, 1938 et 1982.

BIEN DIT !

«Il y avait Buffon en face. Il me connaissait très bien et savait que je tirais les pénalties à sa droite. La solution, pour moi, était de changer.» Zinédine Zidane, à propos de sa «Panenka»

INFO+

Une «Panenka» est une technique particulière pour tirer un pénalty. Au lieu de frapper en force, le joueur pousse le ballon d'une pichenette du cou de pied. Le gardien, qui plonge généralement sur un côté, est alors pris dans la feinte.

LES BLEUS LES PLUS CAPÉS EN COUPE DU MONDE

17 matches
Fabien Barthez (1998, 2002, 2006)
Thierry Henry (1998, 2002, 2006, 2010)

16 matches
Lilian Thuram (1998, 2002, 2006)

Fabien Barthez a vécu sa 87e et dernière sélection en finale de la Coupe du monde 2006.

DUR !

À la 80e minute, Zidane reste au sol, l'épaule déboîtée. Il demande le changement mais le docteur des Bleus la lui remet en place.

LE **DÉTAIL** QUI TUE

Sur les 46 joueurs présents sur la feuille de match (23 Italiens et 23 Français), 19 ont porté le maillot de la Juventus Turin ! Ils sont 6 du côté français : Thuram, Vieira, Zidane, Henry, Boumsong et Trezeguet.

15 matches

Maxime Bossis (1978, 1982, 1986)

EN **VO**

« Oh non, oh non Zinédine ! Pas toi, pas maintenant, pas après tout ce que tu as fait ! » Les mots du commentateur TV Thierry Gilardi, en direct sur TF1 quand il découvre les images du coup de tête de Zidane à l'Italien Materrazi.

L'Équipe de France, ici à l'entraînement la veille du match, se qualifie pour le Mondial brésilien (victoire 3-0 contre l'Ukraine).

19 novembre 2013

France-Ukraine

Les Bleus avaient terminé deuxièmes de leur groupe derrière l'intouchable Espagne. Il fallait donc franchir une dernière étape, les barrages, pour s'ouvrir le chemin de la Coupe du monde 2014 au Brésil, la terre du foot. Oui, mais. Face à l'Ukraine, le match aller à Kiev vire au cauchemar. Défaite 0-2 et expulsion de Laurent Koscielny. Il faut donc battre les Ukrainiens par trois buts d'écart au match retour. La mission s'annonce difficile lors du match retour? Impossible n'est pas français!

Dans une ambiance surchauffée comme le Stade de France en a rarement connue, les joueurs de Didier Deschamps marchent sur les Ukrainiens avec un improbable doublé du défenseur Mamadou Sakho, qui rappellera Lilian Thuram en 1998 en demi-finale de la Coupe du monde, et un but de Karim Benzema. Au coup de sifflet final, les joueurs restent sur la pelouse. Pogba s'empare d'un porte-voix et entonne *La Marseillaise*. La communion est totale. C'est souvent en passant au plus près du gouffre que naissent les plus grandes histoires. Les Bleus seront bien présents au Brésil en 2014. Une équipe est née ce 19 novembre 2013!

SYMPA!

Le défenseur Mamadou Sakho *(28 sélections en Équipe de France)* n'a réalisé qu'un seul doublé dans sa carrière : ses deux seuls buts en Bleu contre l'Ukraine!

LA CLASSE!

Aucune équipe n'était jamais parvenue à se qualifier après avoir perdu 0-2 en barrage aller de la zone Europe (Coupe du monde et Euro confondus). Chapeau, les Bleus!

ZOOM EN CHIFFRES

5
l'Ukraine est éliminée pour la cinquième fois en barrages (Coupe du monde 1998, 2002, 2010, 2014 et Euro 2000)!

38 % seulement des parieurs en ligne français avaient misé sur une qualification des Bleus.

Mamadou Sakho (qui embrasse ici Franck Ribéry), incroyable double buteur, ce 19 novembre 2013. Il est le sauveur des Bleus !

LE **DÉTAIL** QUI TUE

Dans l'intimité de Clairefontaine mais aussi dans les vestiaires, juste avant le match, des joueurs ont regardé *Intérieur Sport*, la série documentaire de Canal + Sport consacrée au match France-Bulgarie (1-2) de 1993.

MOTIVÉ !

Didier Deschamps a effectué cinq changements par rapport au match aller. Koscielny suspendu, Abidal, Nasri, Rémy et Giroud sont remplacés par Varane, Sakho, Cabaye, Valbuena et Benzema. Quasiment la moitié de l'équipe !

EN **VO**

« J'ai connu de grands moments même si je n'ai pas une très longue carrière d'entraîneur derrière moi. Mais là, c'est la France. C'est quelque chose de fabuleux ! » Didier Deschamps, après la victoire 3-0 contre l'Ukraine.

1,25 millions de tweets : France-Ukraine a été le deuxième événement le plus tweeté de l'histoire en France.

13,5 millions de téléspectateurs ont regardé le match sur TF1.

Antoine Griezmann présente son trophée de meilleur joueur de l'Euro 2016.

L'Euro 2016

Préparé à Clairefontaine

Deux ans après le quart de finale de la Coupe du monde perdu au Maracana de Rio face à l'Allemagne (0-1), la France accueille l'Euro 2016 pleine d'ambitions. Pour la deuxième fois de son existence, Clairefontaine se transforme en camp de base des Bleus. Pour l'occasion, des aménagements spéciaux (centre des médias entre autres) sont réalisés autour du Centre. Les Bleus y effectuent toute leur préparation et, comme en 1998, l'histoire s'étirera jusqu'en juillet.

Après trois premiers matches et une mi-temps tendue contre la République d'Irlande en huitième de finale (2-1), Antoine Griezmann envoie la France en quarts. Une démonstration de force contre l'Islande (5-2) au Stade de France et une force en démonstration contre l'Allemagne à Marseille (2-0) les mènent en finale. Les Bleus ont encore rendez-vous avec leur destin au Stade de France. Mais ce 10 juillet 2016, c'est le Portugal de Cristiano Ronaldo, pourtant sorti blessé en première mi-temps, qui s'offre son premier trophée (1-0). Dix-huit ans après la folle nuit de 1998, le silence s'abat cette fois sur le Centre.

BIEN DIT !

«Il faut garder la tête haute! On a fait de grandes choses pendant ce tournoi et même si nous n'acceptons pas la défaite, il faut continuer à avancer. C'est le foot, c'est parfois cruel mais cette expérience doit rester positive!»
Hugo Lloris, *capitaine de l'Équipe de France*

LA CLASSE !

Élu meilleur joueur du tournoi, Antoine Griezmann finit aussi meilleur buteur avec 6 buts et devient le joueur français le plus prolifique à l'Euro depuis Michel Platini (9 buts) en 1984!

ZOOM

L'EURO 2016 EN CHIFFRES

- **24** équipes (pour la première fois)
- **51** matches
- **108** buts

EN VO

«C'est une énorme déception. C'est cruel de perdre une finale comme ça parce qu'on a eu des opportunités, mais on a peut-être manqué d'un peu de lucidité et de fraîcheur. Ça se joue vraiment à très peu de choses.» Didier Deschamps, *sélectionneur des Bleus*

Clairefontaine en bleu-blanc-rouge pendant l'Euro 2016. Les Bleus sont félicités lors de leur retour au Centre, après leur victoire contre l'Allemagne (2-0) en demi-finale.

AH BON?

Avec 20,8 millions de téléspectateurs, M6 qui diffusait la finale réalise la meilleure audience de son histoire et la quatrième meilleure de la télévision : 72% de parts de marché!

2,42 millions de spectateurs dans 10 stades

10% de l'Islande (330 000 habitants) en France pour l'événement

DUR!

Avec leur victoire en finale, les Portugais brisent une vraie malédiction : quarante et un ans de défaites successives face aux Bleus et trois défaites en demi-finale d'une grande compétition, à l'Euro 1984, à l'Euro 2000 et au Mondial 2006.

Le livre d'or de Clairefontaine

Onze citations, onze comme les onze joueurs d'une équipe de foot, sont gravées sur les murs du grand hall, au cœur du nouveau Centre de Formation et de Conférences.

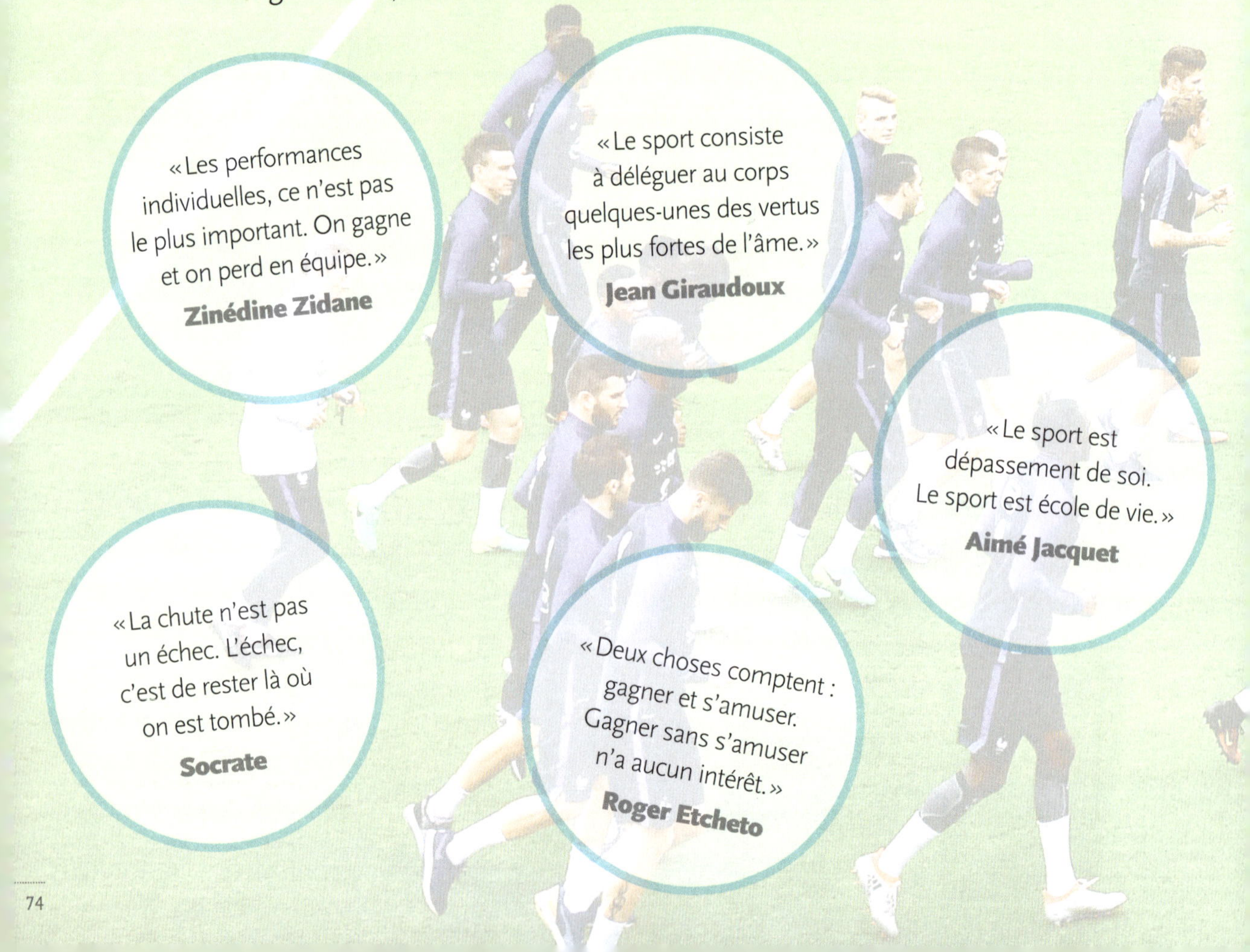

« Les performances individuelles, ce n'est pas le plus important. On gagne et on perd en équipe. »
Zinédine Zidane

« Le sport consiste à déléguer au corps quelques-unes des vertus les plus fortes de l'âme. »
Jean Giraudoux

« Le sport est dépassement de soi. Le sport est école de vie. »
Aimé Jacquet

« La chute n'est pas un échec. L'échec, c'est de rester là où on est tombé. »
Socrate

« Deux choses comptent : gagner et s'amuser. Gagner sans s'amuser n'a aucun intérêt. »
Roger Etcheto

« Le sport ne forge pas le caractère. Il le révèle. »

Heywood Hale Broun

« Le sport va chercher la peur pour la dominer, la fatigue pour en triompher, la difficulté pour la vaincre. »

Pierre de Coubertin

« Tout ce que je sais de plus sûr à propos de la moralité et des obligations des hommes, c'est au football que je le dois. »

Albert Camus

« Faites en sorte que les vaincus puissent se féliciter de vous avoir pour vainqueur. »

Ou-Tse

« Le véritable talent, c'est de réagir de la même façon devant la victoire et la défaite. »

Chris Evert

« Si vous rentrez dans un mur, n'abandonnez pas. Trouvez un moyen de l'escalader, le traverser, ou travaillez autour. »

Michael Jordan

Dix histoires insolites de Clairefontaine

« L'entraînement de rêve »

Chaque année, « l'entraînement de rêve », opération mise en œuvre par la FFF, permet à des licenciés âgés de 8 à 13 ans (sur inscription, puis tirage au sort) de partager une séance d'entraînement avec l'Équipe de France. Du rêve à la réalité ! « L'entraînement de rêve », c'est : un aller-retour pour un adulte et un enfant à Clairefontaine, une journée complète au CNF, un entraînement avec les Bleus (*boutique.fff.fr/entrainement-de-reve-fff*).

Le mur qui fleurit

Au Centre médical, il y a des photos, des messages et des remerciements dans toutes les salles ! À travers une photo ou juste un petit mot, les athlètes venus en soins témoignent leur gratitude à l'égard de l'équipe médicale. Ici, le livre d'or s'affiche sur les murs.

Le trafic de chocolat

Durant la Coupe du monde 1998, les Bleus n'ont eu droit à des frites qu'une seule fois à table. Le médecin de l'époque, Jean-Marcel Ferret, faisait aussi la chasse au chocolat. À tel point que les joueurs s'échangeaient les tablettes en douce !

Didier Deschamps fait son timide

Lors de sa toute première sélection (France-Yougoslavie, le 29 avril 1989), c'est un Didier Deschamps tout timide qui partageait sa chambre avec Joël Bats et Daniel Xuereb, à tel point qu'il n'a même pas osé dire à ses compagnons de chambrée que, de son lit, il ne voyait pas la télévision !

Les animaux à Clairefontaine

Une pelouse parfaite le soir se retrouve parfois piétinée le lendemain matin à cause des sangliers. C'est le cauchemar des jardiniers, et aussi des chauffeurs de taxi : « ...chevreuil, biches, sangliers... il faut faire attention quand on roule la nuit ici. Et quand le temps est pluvieux, on a parfois l'impression d'avancer dans une forêt hantée. »

Hatem Ben Arfa en fait trop...

Véritable pépite de l'INF génération 1987, Hatem Ben Arfa se souvient d'un jour où il est allé trop loin sur le terrain. « Lors d'un match amical, j'ai dribblé le gardien avant de me retrouver seul devant la cage vide. Je l'ai attendu pour le re-dribbler une deuxième fois et j'ai tiré à-côté ! Mon entraîneur, Claude Dusseau, m'a alors sorti et m'a demandé de courir autour du terrain jusqu'à la fin du match. Il avait raison, là je n'avais pas respecté le foot ! »

... et se perd pour aller aux toilettes !

Formé à l'INF, Hatem Ben Arfa a totalement redécouvert les lieux lors de son retour en sélection en novembre 2015 (après les travaux de rénovation) et c'est peu de le dire : « Beaucoup de choses ont changé, je me suis perdu en voulant aller aux toilettes ! »

Robert Pirès et Nicolas Anelka font le mur

Robert Pirès et Nicolas Anelka (formé à l'INF) n'étaient pas encore en Équipe de France A quand ils ont « fait le mur » de Clairefontaine. « Nous étions encore en Espoirs, se souvient Robert. Nous sommes allés nous faire un McDo à Trappes ! »

L'Équipe de France a son musée

Il faut montrer patte bleue pour y entrer ! C'est la salle des trésors de l'Équipe de France. Des maillots, beaucoup de maillots, des ballons de matches historiques, des coupures de presse inoubliables... et l'espace « 12 juillet 1998 », avec le planning du « Dimanche 12 », en l'état, sur le paperboard préparé le matin même de la finale de la Coupe du monde par Aimé Jacquet et son staff.

Un morceau de Centenario

Parmi les trésors rassemblés dans le musée, un vestige sacré a trouvé sa place dans les entrailles de Clairefontaine. Il s'agit d'un siège du stade *Centenario* de Montevideo, ramené de la toute première Coupe du monde en 1930 ! À l'époque, l'Équipe de France s'était rendue en Uruguay en bateau et les joueurs avaient effectué leur préparation sur le pont du paquebot, le *Conte Verde* ; le voyage avait duré plusieurs semaines. Au siècle d'après, le siège est toujours là, arrivé à bon port.

Le Mémo foot

Voici le tableau qui synthétise les catégories du football en fonction des âges et des dimensions du terrain. Pour l'exemple, nous avons pris ici la saison 2017-2018.

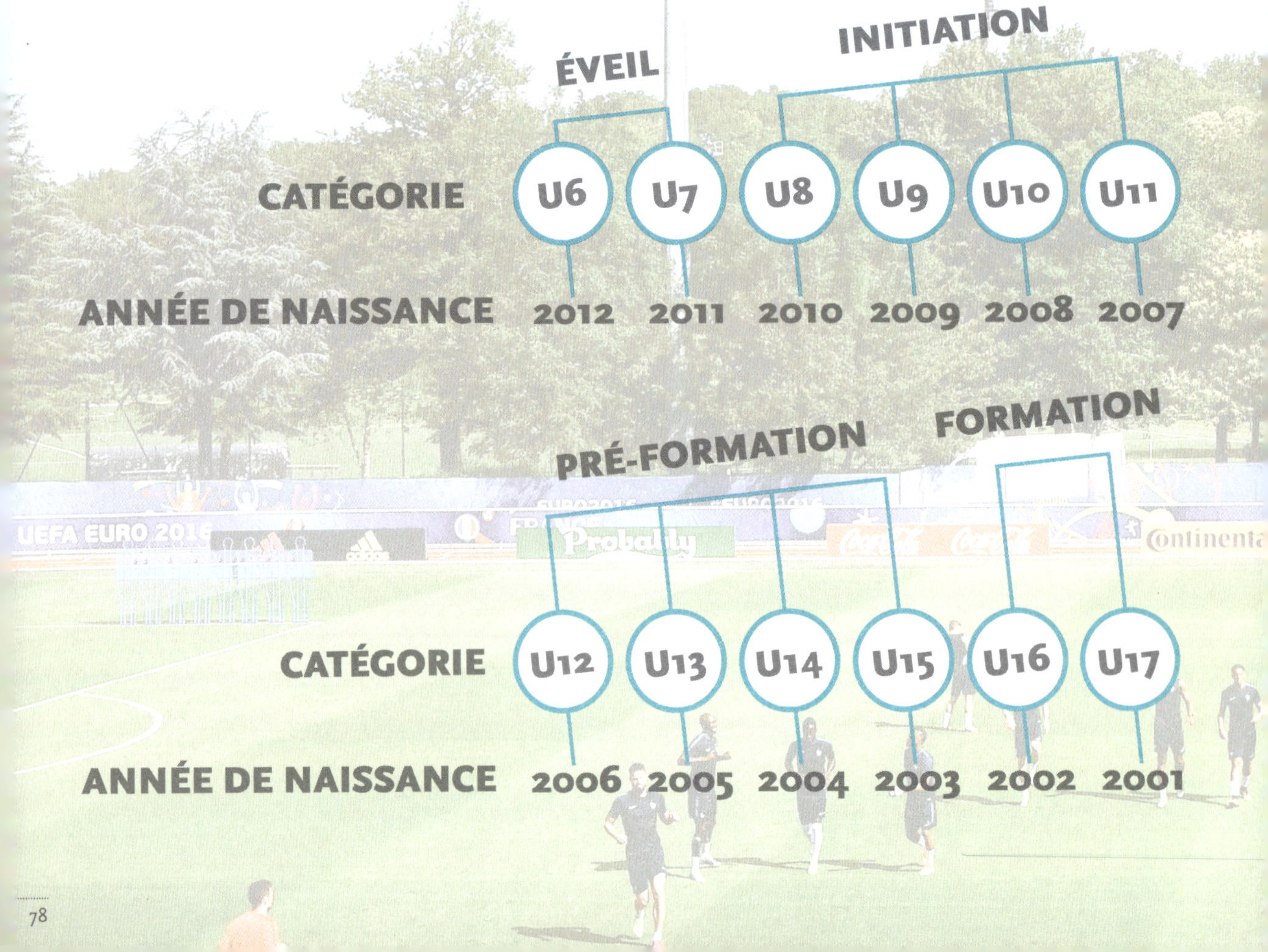

	ÉVEIL		INITIATION			
CATÉGORIE	U6	U7	U8	U9	U10	U11
ANNÉE DE NAISSANCE	2012	2011	2010	2009	2008	2007

	PRÉ-FORMATION				FORMATION	
CATÉGORIE	U12	U13	U14	U15	U16	U17
ANNÉE DE NAISSANCE	2006	2005	2004	2003	2002	2001

U6 et U7

(U8 Féminines autorisées en mixité)

3 contre 3 sans gardien de but ou bien
4 contre 4 ou 5 contre 5 avec gardien de but

Taille du ballon : 3 (ou 4)

Dimensions du terrain :
– Longueur 25 m si Foot à 3 ; 30 m si Foot à 4 ou à 5
– Largeur : 15 m si Foot à 3 ; 20 m si Foot à 4 ou à 5

But :
– Longueur : 2 à 4 m (si gardien ou pas)
– Hauteur : 1,5 m

U8 et U9

(U10 Féminines autorisées en mixité)

5 contre 5

Taille du ballon : 3 (ou 4)

Dimensions du terrain :
– Longueur : 35 à 40 m
– Largeur : 25 à 30 m

But :
– Longueur : 4 m
– Hauteur : 1,5 m

U10 et U11

(U12 Féminines autorisées en mixité)

8 contre 8

Taille du ballon : 4

Dimensions du terrain :
½ terrain de foot à 11

But :
– Longueur : 6 m
– Hauteur : 2,10 m

U12 et U13

(U14 Féminines autorisées en mixité)

8 contre 8

Taille du ballon : 4

Dimensions du terrain :
½ terrain de foot à 11

But :
– Longueur : 6 m
– Hauteur : 2,10 m

À partir de U14

ballon, buts et terrain
aux dimensions normales
« seniors »

L'Éditeur tient à remercier tout particulièrement pour leur aide précieuse :

Noël Le Graët *(président de la FFF)*, **Florence Hardouin** *(directrice générale de la FFF)*
Didier Deschamps *(sélectionneur national)*
Éric Latronico *(directeur du CNF)*, **Jean-Claude Lafargue** *(directeur de l'INF)*
Philippe Tournon *(chef de presse de l'Équipe de France)*
Alexandre Chamoret *(directeur de la communication FFF)*, **Philippe Mayen** *(responsable adjoint de la rédaction FFF)*
François Vasseur *(directeur marketing FFF)*,
Marie Trubert *(responsable merchandising FFF)*, **Cédric Blanc** *(merchandising FFF)*
Guillaume Naslin *(Délégué général du Fondaction du Football)*
Pascal Maillé *(médecin du Centre médical du CNF)*
L'ensemble des membres de l'Institut National du Football (INF)et du Centre médical du CNF
La médiathèque FFF et **Guillaume Bigot**, **Pierre Bougeois**, **Aurélien Durand**,
Philippe Mayen, **Antonio Mesa**, **Simon Morcel**, *photographes de la FFF*
Mickaël Grall

Crédits photographiques :
g = sur la page de gauche **d** = sur la page de droite
Couverture : entraînement des Bleus à Clairefontaine en mars 2017 *(de gauche à droite :* Corentin Tolisso, Ousmane Dembélé, Kylian Mbappé, Florian Thauvin, Alphonse Aréola et Presnel Kimpembe) © AFP / Franck Fife ; Château © Archives FFF ; Terrain Michel Platini © Archives FFF ; la Coupe du monde © Patrick Kovarik / AFP.
Verso de couverture : © AFP / Franck Fife.
pp 4-5 g panneau © Philippe Mayen FFF ; **d** Château © Guillaume Bigot / FFF. **pp 6-7 g** joueuses dans le parc et **d** Fernand Sastre © Archives FFF. **pp. 8-9 g** Équipe de France A féminine © Antonio Mesa / FFF ; **d** Équipe de France A masculine © Guillaume Bigot / FFF. **pp 10-11 g** Jean-Claude Lafargue et **d** jeunes joueurs © Archives FFF. **pp 12-13 g** stagiaires © Archives FFF ; **d** renforcement musculaire © Philippe Mayen / FFF. **pp 14-15 g** formation arbitres © Archives FFF ; **d** formation entraîneurs © Bertrand Guay. **pp 16-17 g** terrain Pierre-Pibarot © AFP / Franck Fife ; **d** terrain Michel Platini © Archives FFF. **pp 18-19** Noël le Graët reçoit le Label d'excellence FIFA et Centre médical © Archives FFF.
pp 20-21 g le CFC © Philippe Mayen / FFF ; **d** auditorium © Antonio Mesa / FFF. **pp 22-23 g** tondeuse à Clairefontaine © Philippe Mayen / FFF ; **d** salle d'intendance © Guillaume Bigot / FFF. **pp 24-25 g** Éric Latronico et Larry Zheng © Archives FFF ; **d** détection FFF / MLS © Guillaume Bigot / FFF. **pp 26-27 g** plaquette Résidence de l'Équipe de France © Archives FFF ; **d** photographes © Guillaume Bigot / FFF. **pp 28-29 g** Hugo Lloris © GETTY IMAGES France / David Winter; **d** arrivée au Château © Archives FFF. **pp 30-31** petit déjeuner des Bleus et ping-pong © Guillaume Bigot / FFF. **pp 32-33 g** François Hollande et les Bleus © Archives FFF ; **d** Marie-Laure Délie © Antonio Mesa / FFF. **pp 34-35 g** Ousmane Dembélé © Guillaume Bigot/ FFF ; **d** Antoine Griezmann © AFP / Franck Fife. **pp 36-37 g** Élodie Thomis © Sindy Thomas / FFF ; **d** travail en salle © Guillaume Bigot / FFF.
pp 38-39 g cameraman © Pierre Bougeois / FFF ; **d** Thierry Marszalek et Éric Dubray © Guillaume Bigot / FFF. **pp 40-41 g** Olivier Giroud, Anthony Martial, Benoît Costil et Hugo Lloris, et **d** bus Euro 2016 © Guillaume Bigot / FFF. **pp 42-43 g** Fernand Sastre © Archives FFF; **d** Michel Platini © GETTY IMAGES France / Alain de Martignac. **pp 44-45 g** Roger Lemerre © GETTY IMAGES France / Stéphane Mantey ; **d** Corinne Diacre © Antonio Mesa / FFF. **pp 46-47 g** Aimé Jacquet et la Coupe du monde © Agence FEP - Jean Bibard ; **d** Aimé Jacquet à l'entraînement © Archives FFF. **pp 48-49 g** Zinédine Zidane © Archives FFF ; **d** Lilian Thuram © Guillaume Bigot / FFF. **pp 50-51 g** Thierry Henry © GETTY IMAGES France / Professional Sport ; **d** Didier Deschamps © Guillaume Bigot / FFF. **pp 52-53 g** Kylian Mbappé © GETTY IMAGES France / Aurélien Meunier ; **d** Marinette Pichon © AFP / Tim Sloan.
pp 54-55 g Antoine Griezmann © Thibaud Vianney / Archives FFF ; **d** Sandrine Soubeyrand © Archives FFF. **pp 56-57 g** Eugénie Le Sommer © Simon Morcel / FFF ; **d** Hugo Lloris © Guillaume Bigot / FFF. **pp 58-59 g** Paul Pogba © Aurélien Durand / FFF ; **d** Blaise Matuidi © Guillaume Bigot / FFF. **pp 60-61 g** Emmanuel Petit © GETTY IMAGES France / Bob Thomas ; **d** joie au Stade de France © GETTY IMAGES France / Professional Sport. **pp 62-63 d** Zinédine Zidane brandissant la Coupe © GETTY IMAGES France / Thierry Orban.
pp 64-65 g David Trezeguet © GETTY IMAGES France / Icon Sport ; **d** les Bleus autour du trophée © GETTY IMAGES France / Stéphane Mantey. **pp 66-67 g** Marcel Desailly © Archives FFF ; **d** Rigobert Song et Marcel Desailly © PRESSE-SPORTS / LANDRAIN. **pp 68-69 g** panenka de Z. Zidane © AFP / Ben Radford ; **d** Fabien Barthez © GETTY IMAGES France / Sandra Behne. **pp 70-71 g** entraînement au CNF © Guillaume Bigot / FFF ; **d** Mamadou Sakho © AFP / John Berry. **pp 72-73 g** Antoine Griezmann © Aurélien Durand/FFF ; **d** Clairefontaine © Guillaume Bigot / FFF. **pp 74-75** entraînement des Bleus © AFP / Franck Fife. **pp 76-77** Château © Archives FFF. **pp 78-79** entraînement des Bleus à Clairefontaine © AFP / Franck Fife.

Maquette : **Alice Nussbaum**

ISBN : 978-2-09-258282-4 / N° de projet : 10094718 / Dépôt légal : mai 2018 / Achevé d'imprimer en juillet 2018 par Loire Offset Titoulet, France

Loi n°49-956 du 16 juillet 1949 sur les publications destinées à la jeunesse, modifiée par la loi n°2011-525 du 17 mai 2011.
www.nathan.fr

FSC
www.fsc.org
MIXTE
Papier issu de sources responsables
FSC® C022030